3つのおかずの組合せで作る！

おいしいお弁当

検見﨑聡美

池田書店

Contents

- いつものお弁当は…
- 主食＋メインおかず＋サブおかず２品 ……… 6
- お弁当の組み立て方 ……… 7
- 彩りと栄養バランスのととのえ方 ……… 8
- 味のととのえ方 ……… 9
- お弁当作りの基本 ……… 10
- お弁当箱の選び方 ……… 11
- お弁当の詰め方 ……… 12
- おかずの組合せに役立つ一覧表 ……… 14

リピートおかずが大集合
人気おかずのお弁当

夕飯の支度をしつつお弁当のおかずを作ろう！
ついで準備で朝ラク弁当

- 鶏のから揚げ弁当 ……… 22
- ハンバーグ弁当 ……… 24
- とんかつ弁当 ……… 26
- 肉だんご弁当 ……… 28
- コロッケ弁当 ……… 30
- シュウマイ弁当 ……… 32
- えびフライ弁当 ……… 34

朝イチからスタートでも大丈夫！
朝15分で作るお弁当

- 鶏の照り焼き弁当 ……… 36
- 豚のしょうが焼き弁当 ……… 38
- ポークケチャップ弁当 ……… 40
- ぶりの照り焼き弁当 ……… 42
- 鮭の照り焼き弁当 ……… 44
- さばの竜田揚げ弁当 ……… 46

おかずの幅がグンと広がる！
人気おかずのアレンジ

- 山椒風味塩から揚げ ……… 48
- から揚げの香味酢がけ ……… 48
- から揚げのトマト甘酢あん ……… 48
- チーズ入りハンバーグ ……… 49
- 和風きのこソースハンバーグ ……… 49
- ハンバーグのマスタードソース煮 ……… 49
- みそとんかつ ……… 50
- ハーブ衣とんかつ ……… 50
- とんかつの洋風マリネ ……… 50
- メンチカツ ……… 51
- ピーマンの肉詰め ……… 51
- 肉だんごの梅マヨあえ ……… 51
- 春巻きコロッケ ……… 52
- コロッケのチーズ焼き ……… 52
- コロッケの卵とじ ……… 52
- しいたけシュウマイ ……… 53
- 天ぷらシュウマイ ……… 53
- シュウマイとトマトのカレー炒め ……… 53

味もボリュームも満点
肉のおかずのお弁当

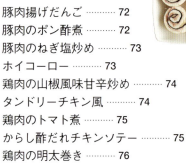

- 揚げない酢豚弁当 ……… 56
- チンジャオロース―弁当 ……… 58
- 豚のみそだれ焼き弁当 ……… 60
- 牛すき煮弁当 ……… 62
- 肉巻き弁当 ……… 64
- チキンロール弁当 ……… 66
- 鶏の香味煮弁当 ……… 68
- 牛ひき肉と豆のチリトマト煮弁当 ……… 70

おなじみの肉を使って
肉のおかず

- 豚肉揚げだんご ……… 72
- 豚肉のポン酢煮 ……… 72
- 豚肉のねぎ塩炒め ……… 73
- ホイコーロー ……… 73
- 鶏肉の山椒風味甘辛炒め ……… 74
- タンドリーチキン風 ……… 74
- 鶏肉のトマト煮 ……… 75
- からし酢だれチキンソテー ……… 75
- 鶏肉の明太巻き ……… 76

鶏の梅煮 ……… 76
鶏の紅しょうが衣天 ……… 77
鶏肉のカシューナッツ炒め ……… 77
牛肉の粒マスタード炒め ……… 78
牛肉とねぎのみそ煮 ……… 78
牛カツ ……… 79
韓国風肉炒め ……… 79
のし焼き ……… 80
ガパオ風炒めもの ……… 80
ミートローフ ……… 81
わかめ入り塩つくね ……… 81

肉は「漬ける」「ゆでる」をしておくと超便利 ……… 82

豚肉のみそ漬け ……… 83
鶏肉の塩麹漬け ……… 83
鶏肉のレモンオイル漬け ……… 84
豚肉のバーベキューソース炒め ……… 84
蒸し鶏ときゅうりのあえもの ……… 85
蒸し鶏のねぎマヨ焼き ……… 85
ゆで豚と小松菜の炒めもの ……… 86
ゆで豚のカレー衣揚げ ……… 86

食べたいおかずが満載
魚のおかずのお弁当

いわしのかば焼き弁当 ……… 88
えびチリ弁当 ……… 90
あじの梅じそはさみ揚げ弁当 ……… 92
ぶりのカレームニエル弁当 ……… 94
さわらのさっぱり漬け弁当 ……… 96
かじきのパセリチーズ衣揚げ弁当 ……… 98
たらの高菜煮弁当 ……… 100

身近な魚介で作れる
魚のおかず

鮭のマスタードマヨ焼き ……… 102
鮭のおろし煮 ……… 102
鮭のチャンチャン焼き ……… 103
鮭の香草パン粉焼き ……… 103
さばのピーナツバターみそ煮 ……… 104
さばのケチャップあんかけ ……… 104
かじきのトマト蒸し煮 ……… 105
かじきのごまみそ焼き ……… 105
さわらのバーベキューソース焼き ……… 106
さわらのごま衣焼き ……… 106
えびマヨ炒め ……… 107
えびのピカタ ……… 107

選びやすくて便利
サブおかず集

サブおかず1として活用しよう!
野菜＋たんぱく質のボリュームのあるサブおかず

さやえんどうとエリンギの塩炒め ……… 112
キャベツの豆板醤マヨ炒め ……… 112
玉ねぎの煮びたし ……… 113
小松菜の炒め煮 ……… 113
チンゲン菜としいたけの炒めもの ……… 113
いんげんのハーブドレッシングあえ ……… 114
ほうれん草入りポテトサラダ ……… 114
にんじんの和風サラダ ……… 114
ブロッコリーの塩炒め ……… 115
ピーマンの煮びたし ……… 115
アスパラのしょうゆ炒め ……… 115
玉ねぎのみそ炒め ……… 116
小松菜の煮びたし ……… 116
きゅうりの酢のもの ……… 116
大根のからし酢あえ ……… 117
にんじんのごまあえ ……… 117
かぶのしょうが酢あえ ……… 117
いんげん入り卵焼き ……… 118
トマトの卵炒め ……… 118
三つ葉とたらこのいり卵 ……… 118
もやしの卵とじ ……… 119
ブロッコリーと卵のサラダ ……… 119
にんじん入りぺったんこオムレツ ……… 119

サブおかず2として活用しよう！
野菜は「半調理」しておくと超便利 ……… 120

青菜のからしあえ ……… 121
青菜のツナマヨあえ ……… 121
青菜と桜えびの煮びたし ……… 121
アスパラのおかかじょうゆあえ ……… 122
アスパラの黒こしょう炒め ……… 122
アスパラの粒マスタードあえ ……… 122
キャベツの中華風あえもの ……… 123
キャベツと桜えびの炒めもの ……… 123
キャベツの酢みそあえ ……… 123
いんげんのみそマヨあえ ……… 124
いんげんのじゃこ炒め ……… 124
いんげんの梅おかかあえ ……… 124
ピーマンの山椒塩あえ ……… 125
ピーマンの七味炒め ……… 125
ピーマンのカレーマヨ炒め ……… 125

緑と赤の救世主
ゆでブロッコリーとミニトマトのひと手間レシピ

ブロッコリーのカレー炒め ……… 126
ブロッコリーの塩昆布あえ ……… 126
ブロッコリーのソース炒め ……… 126
ミニトマトのハーブドレッシングあえ ……… 127
ミニトマトの山椒炒め ……… 127
ミニトマトの砂糖じょうゆ炒め ……… 127

にんじんのナムル ……… 128
にんじんのソテーサラダ ……… 128
にんじんの煮びたし ……… 128
にんじんの含め煮 ……… 129
にんじんのケチャップ炒め ……… 129
にんじんのレモン煮 ……… 129
パプリカのオイスターソースあえ ……… 130
パプリカのポン酢おかか炒め ……… 130
パプリカの塩わさびあえ ……… 130
かぼちゃのカレー煮 ……… 131
かぼちゃのマーマレードあえ ……… 131
かぼちゃの梅じょうゆ炒め ……… 131
さつまいものしょうゆ炒め ……… 132
さつまいものはちみつレモン煮 ……… 132
クリームチーズ入りスイートポテト ……… 132
じゃがいものおかか煮 ……… 133

クイックフライドポテト ……… 133
さっぱりポテトサラダ ……… 133

サブおかず2として活用しよう！
きのこ、海藻、こんにゃく・しらたきのヘルシーサブおかず

しいたけのマリネ ……… 134
しめじのごま炒め ……… 134
しめじのしぐれ煮 ……… 135
えのきの梅煮 ……… 135
エリンギの焼き漬け ……… 135
切り昆布とにんじんのいり煮 ……… 136
わかめのねぎ炒め ……… 136
ひじきの和風マリネ ……… 136
こんにゃくのとくさ煮 ……… 137
しらたきとたらこのいり煮 ……… 137
こんにゃくのソース煮 ……… 137

サブおかずとして活用しよう！
常備しておくと断然便利な作りおきのサブおかず

きんぴらごぼう ……… 138
煮豆 ……… 138
切り干し大根の煮もの ……… 139
ひじきの煮もの ……… 139
ピクルス ……… 140
きゅうりのしょうゆ漬け ……… 140

ラクしておいしい
主食が主役のお弁当

主食が主役のお弁当は…
ごはん・パン・麺＋メインおかず＋サブおかず ……… 142
お弁当の組み立て方 ……… 143
鶏そぼろの3色弁当 ……… 144
鶏そぼろの3色ごはんの詰め方アレンジ ……… 145
混ぜごはん弁当 ……… 146
混ぜごはんバリエーション
牛肉とブロッコリーの
　カレー炒め混ぜごはん ……… 147

チャーハン弁当 ……… 148
チャーハンバリエーション
じゃことのりの卵チャーハン ……… 149

1合で作れる!
だしいらずの炊き込みごはん
牛肉としめじのピリ辛炊き込みごはん ……… 150
あさりとごぼうのみそ炊き込みごはん ……… 151
鶏肉とれんこんの和風炊き込みごはん ……… 151

オムライス弁当 ……… 152
ドライカレー弁当 ……… 154

どんとのっけるだけの
丼弁当
具だくさん親子丼 ……… 156
牛肉のオイスターソース炒め丼 ……… 157
厚揚げマーボー丼 ……… 157

のり弁と天ぷらの重ね弁当 ……… 158
おにぎり弁当 ……… 160

おかずも兼ねる
ボリュームおにぎり
塩さばおにぎり ……… 162
肉巻きおにぎり ……… 162
わかめおにぎりのピカタ ……… 163
ねぎチャーシューおにぎり ……… 163

巻きずし弁当 ……… 164
いなりずし弁当 ……… 166

寝坊した! 手抜きしたい……
困ったときの卵&ツナだけ弁当
のっけるだけ弁当 ……… 168
卵でとじるだけ弁当 ……… 169
混ぜるだけ弁当 ……… 169

サンドイッチ弁当 ……… 170
ホットドッグ弁当 ……… 172
ホットドッグの包み方アイデア ……… 173

おかずもいっしょにとれる
ロールパンのボリュームサンド
ささみのハーブソテーサンド ……… 174
牛しぐれ煮サンド ……… 174
鮭フライサンド ……… 175

かにかまオムレツサンド ……… 175

焼きそば弁当 ……… 176
麺と味つけを替えてアレンジ
そうめんチャンプルー ……… 177
焼きうどん ……… 177
ナポリタン弁当 ……… 178
パスタのアレンジ
しょうゆ風味の和風パスタ ……… 179

野菜の1日の摂取目標量の1/3以上がとれる!
具だくさんスープ
さつま揚げ入りトマトスープ ……… 180
ポトフ ……… 180
豆のカレースープ ……… 181
牛肉と野菜のみそスープ ……… 181
豚肉と白菜の中華風スープ ……… 182
豆腐とレタスのかき卵スープ ……… 182

味がピタリと決まる
定番おかずの調味料割合 ……… 54
ひと工夫、ひと手間で
見栄えアップのアイデア ……… 108
簡単! すぐできる!
白いごはんを見栄えよくするアイデア ……… 110
湯を注ぐだけ!
即席みそ汁の素・みそ玉のすすめ ……… 183
こんなときはこんなお弁当を!
シチュエーション別おすすめ弁当 ……… 184

食材別INDEX ……… 188

この本の決まり
- 小さじ1=5㎖、大さじ1=15㎖、1合=180㎖、1カップ=200㎖です。
- 電子レンジは600Wのものを使用しています。500Wの場合は、加熱時間を1.2倍にしてください。ただし、機種によって違いがあるので、様子を見ながら調節してください。
- 材料表の分量に( )で併記している個数や本数は目安です。正確な分量はグラムのほうをご覧ください。
- この本で使っているだし汁は昆布と削り節でとったものです。好みで顆粒の和風だしを商品の表示通りに溶いて使ってもかまいません。
- エネルギー(kcal)は1人分です。おかずを詰め合わせたお弁当のエネルギー(kcal)は、メインおかず、サブおかず1と2、ごはんの合計で、すき間うめの食材や、ごはんのおともなどは計算に含まれません。
- お弁当に詰めるごはんの分量は150gを基準としています。ただし、主食が主役のお弁当は例外です。

いつものお弁当は…

主食 ＋ メインおかず（肉または魚） ＋ サブおかず2品（野菜）

肉か魚のメイン1つに野菜のサブ2つ。
すき間うめや足りない色は
ミニトマトかブロッコリーでよし。
こう決めてしまえば
作るのも考えるのもラクになります！

主食
主食はごはんです。味をつけたり具を混ぜたりしない、白いごはんを詰めます。

メインおかず
たんぱく質がとれるおかずです。この本では、わかりやすいように肉と魚に限定しました。

サブおかず1
野菜のおかずです。サブおかず2よりも食材数が多いです。

ごはんのおともは必要に応じて
ごはんの白い面積をうめたいときや、ごはんをたくさん食べたいときは、漬けものやつくだ煮などをのせます。

＋αは必要に応じて
色が足りないときや、すき間ができたときは、ミニトマトやブロッコリーを利用します。

サブおかず2
野菜のおかずです。サブおかず1よりも簡単に作れます。

お弁当の組み立て方

たとえば、
左のページのお弁当なら
こう考えて組み立てます

① 主食はごはんと決める

パンや麺はときどきに。いつものお弁当はごはんと決めてしまいます。

> 主食はごはんというルールだから

✓ ごはん

② メインおかず を決める

肉と魚、どちらを使ったおかずにするかを考えます。食べたいものや使いたい食材などを頭に浮かべて決めましょう。

> 肉が食べたい気分だな

✓ 鶏のから揚げ

③ サブおかず1 を決める

メインおかずに合う味つけや調理法、栄養面を考えて野菜のおかずを決めます。メインおかずのボリュームが足りないときは、たんぱく質食材を加えたおかずにします。

> メインが揚げものだから、さっぱりしたおかずがほしいな

> 健康を考えて、緑の濃い野菜も入れたいな

✓ アスパラとしいたけの焼きびたし

④ サブおかず2 を決める

メインおかずの味とのバランスを見つつ、サブおかず1と食材や味、調理法が重ならないようにして、野菜のおかずを考えます。

> メインは揚げもので、しょうゆ味。サブ1はさっぱり和風おかず

> それなら、酸味のあるおかずがほしいな

✓ きゅうりのサラダ

⑤ 色を足す。すき間をうめる

お弁当のメニューを考えるときは、ここまで考える必要はありません。できあがったお弁当を見て、必要に応じて足しましょう。

> 赤い色が足りないな

> ごはんも真っ白でさみしいな。緑もあるし足りない色は何だろう

✓ ミニトマト
✓ たくあん

完成

彩りと栄養バランスのととのえ方

ふたを開けたときに色がきれいだとうれしくなり、茶色ばかりだと少し残念な気持ちになるほど、お弁当に彩りは大事な要素。1日3食のうちのひとつなので、栄養面を考えるのも忘れずに。

ごはん＋おかず3品で、赤と緑の色もあり、一見よさそうですが、

× 茶色いおかずが多すぎる。

× メインおかずが3つも入っている。

× 野菜はミニトマトとブロッコリーだけ。これでとれる野菜の量はたった25g。

これでは栄養がかたよってしまいます！

色も栄養もバッチリなお弁当はこう作ります！

メイン1品とサブを2品詰める

おかず3品がこの本でおすすめしているお弁当ですが、好きなものを選んでいては栄養バランスがくずれます。たんぱく質のおかずはメインの1品。野菜おかずはサブの2品とするのがルールです。

赤、緑、黄をなるべくそろえる

お弁当は赤、緑、黄がそろっているとおいしそうに見えます。毎回は無理だとしても、これを理想として詰めましょう。

卵はメインおかずのサポート役

卵だけではメインおかずになりにくく、かといってサブおかずにすると野菜が不足します。そこで、この本では、メインおかずにボリュームが足りないときのサブおかずと位置づけました。卵には野菜をプラスすると理想的です。

サブおかず1と2は違う野菜を使う

サブおかず1と2で、使う野菜の種類と色が同じにならないようにしましょう。そうすれば、彩りも栄養面も自然とととのいます。

彩りはサブおかずに頼る

メインのおかずはたいてい茶色っぽいもの。それなので、メインおかずは彩りを意識しなくてかまいません。彩りを添えるのはサブおかずの役割です。

味のととのえ方

ありがちなのが、ごはんに合う甘じょっぱいおかずばかりのお弁当。それでは、どれを食べても同じ味がする……なんてことに。食べ飽きないよう、いろいろな味で変化をつけましょう。

肉も野菜も入って
一見よさそうですが、
どれもしょうゆ味……

× しょうゆベースの甘辛い照り焼き

× しょうゆ味の
ほうれん草の煮びたしと、
まいたけの煮びたし

× しょうゆで
濃く味つけた
昆布のつくだ煮

これでは味が単調で
飽きてしまいます。
塩分過多にもなります。

これが味のバランスがいい理想のお弁当！

しょうゆとみりんで
甘辛く味つけた、鶏の照り焼き

みそを使ってコクのある味に仕上げた、
いんげんとにんじんのみそ炒め

酢でさっぱり食べられる、
もやしのからし酢あえ

おかず3品でなるべく違う調味料を使う

同じ調味料を使うのが似たような味を生み出す要因なので、おかずによって調味料を変えます。3品のうちすべてを変えるのが難しいときは、1品でもいいので味を変えるとメリハリがつきます。

しょうゆ味がメインおかずなら酸味や甘みを加える

お弁当の味つけによく使うしょうゆ。そればかりだと味に飽きるだけでなく、塩分も多くなります。メインおかずがしょうゆ味のときは、酸味や甘みのあるおかずを合わせると味のバランスがととのいます。

味が足りているときは甘みを入れる

甘みのあるおかずは、箸休めの役割もあります。メインおかずとサブおかず1だけで味が十分足りているときには、サブおかず2は甘みのあるおかずを入れるのがおすすめです。

お弁当作りの基本

お弁当は、時間がたってから食べるものなので、傷みにくい工夫が必要です。
お弁当作りならではの、気をつけてほしいことをまとめました。

作るときは

汁気を飛ばす

汁気が多いとほかのおかずに味が移って、味も見た目もよくありません。また、汁もれにもつながり、おかずが傷みやすくもなります。汁気は、煮詰めたりからめたりして、できるだけ少なくしましょう。

小さめに切る

食べやすさを考えるのも大切なこと。普段のおかずよりも少し小さめに切ったり、丸めたり、麺ならば半分に折ってからゆでたりして工夫をしてください。詰めやすさにもつながります。

しっかり加熱する

普段ならば卵は半熟に仕上げたり、肉はレアに焼きあげたりもしますが、お弁当のおかずでは、しっかり火を通します。

味は濃くしなくてOK！

普段のおかずの味つけ自体が案外濃いものです。だから、お弁当用に特別濃くしなくても、十分おいしく食べられます。それに、味が濃いと食べ飽きてしまいます。

詰めるときは

水気や汁気をきる

水分が残っているとおいしさが半減し、傷みの原因にもなります。詰める前に水気や汁気はしっかりきること。いったんペーパータオルの上において吸い取ると万全です。汁気が多いものは、単独で詰めるのも一案です。

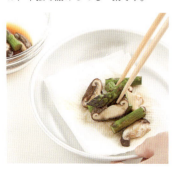

作りおきおかずは
当日もう一度加熱する

そのままでも食べられるおかずでも、必ずもう一度加熱しましょう。電子レンジが手軽ですが、鍋で煮返したり、オーブントースターで温めたりしてもかまいません。

冷ましてから詰める

熱々のままふたをすると、湯気がこもって水滴に変わり、傷みの原因になります。おかずは冷めてから詰めるのが鉄則です。

お弁当箱の選び方

お弁当箱を選ぶときは、大きさや形、素材などをチェックしましょう。
どれから決めていくかは人それぞれなので、ここでは、それぞれの見るべきところを紹介します。

大きさは容量を確認

一般的に、容量＝エネルギー（kcal）といわれています。600mlのお弁当箱ならば、だいたい600kcalのお弁当ができあがるということです。

お弁当箱の大きさとごはんの量の関係

お弁当箱の大きさは、詰めたいごはんの量で決める場合もあるでしょう。また、手持ちのお弁当箱にごはんを詰めるのに、炊く量がわからないこともあるかもしれません。そんなときは、下表を参考にしてください。

米の量	ごはんの重さ	ごはん茶碗	お弁当箱の容量
1合（約150g）	＝ 約340g	＝ 約2杯	＝ 500〜550ml

形はシンプル、深すぎないほうが詰めやすい

楕円、四角、丸など、さまざまな形のものがあり、好みで選べばよいですが、詰めやすいのは四角形のもの。また、深さがあると、思っているよりも量が入ります。ふたをあけたときに沈んでいるお弁当はあまりおいしそうではないですし、すき間があるとおかずが動く原因にもなります。深さの確認も忘れずにしてください。

素材は、それぞれの特徴から好みのものを選ぶ

曲げわっぱ

メリット
- おいしそうに見え、雰囲気のあるお弁当になる。
- 木が余分な水分を吸ってくれて、冷めてもごはんがおいしい。
- 手入れをきちんとすれば長持ちする。

デメリット
- 手入れがやや面倒。
- 密閉性がないので汁気のあるおかずには不向き。
- 電子レンジは使えない。

プラスチック

メリット
- 熱に強く、電子レンジ加熱ができるものが多い。
- ふたにパッキンがついているものは密閉性があり、汁もれしにくい。
- 形や色、デザインの種類が多いので選択肢が広い。

デメリット
- 食材のにおいや色が移りやすい。

ステンレス・アルミ

メリット
- においや色が移りにくく、油汚れも落ちやすいので、詰めるおかずを選ばない。
- ふたにパッキンがついているものは密閉性があり、汁もれしにくい。
- 丈夫で長持ちする。
- アルミ製は軽くて、荷物の負担になりにくい。

デメリット
- 電子レンジは使えない。

お弁当の詰め方

お弁当を詰めるときは、ごはんが一番で、おかずは形の大きいもの、形がしっかりしているものを先に詰めていくのが基本です。ありがちな悩みに対しての解決アイデアもご紹介します。

1

ごはんを詰め、冷ます

- おかずを作る前に詰めておく。おかずを作っている間に冷めるので効率がいい。
- 冷めたごはんはかたまりになって詰めにくいので、ごはんだけは温かいうちに。

2

メインおかず を詰める

- 形が大きい分スペースが必要なので、場所があいているうちに詰める。
- カップを使うときは、お弁当箱に先にカップを入れてからおかずを詰めると、形が変わりにくく安定しやすい。

3

サブおかず1 を詰める

- サブおかず1と2は順番が入れ替わる場合もある。形の大きいものから先に入れると詰めやすい。
- 汁気が出やすかったり、バラバラしてまとまりにくかったりするおかずは、カップに入れる。

4

サブおかず2 を詰める

- 小さくて細かいおかずは形を変えやすく、あいたスペースにおさめやすいので最後に。

5

すき間をうめる。色を足す

- すき間があるとおかずが動いてしまうので、ここでチェックして、すき間があればうめる。
- 彩りもここで確認。赤、緑、黄の足りない色を足すと、おいしそうなお弁当になる。

6

ごはんにトッピング

- おかずの色を見てから、最後にのせる。おかずの色だけで十分の場合や、ごはんのすすむおかずがたくさんあるならば、のせなくても。

理想的な割合はこれ！

- step ① ごはんは半分
- step ② メインおかずはその半分
- step ③ サブおかずはそのさらに半分

いつも同じようなお弁当に見える

ごはんの詰め方を変えてみましょう

縦に詰めるときっちりした印象に。

斜めに詰めると動きがつく。

おかずがかたよる

すき間を埋めましょう

すき間がかたよりの最大の理由。あいているところはブロッコリーなどでうめる。

シリコンカップが便利です

シリコンカップはお弁当箱の底に密着して動きづらい。

調味料がふたにべったり……

カップの下に入れましょう

マヨネーズを絞ってからブロッコリーをのせる。

別の容器入れます

別容器に入れて持って行き、食べるときに絞る。

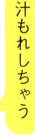 汁もれしちゃう

汁気を取る食材を利用しましょう

削り節やすりごまなど汁気を吸いやすい食材であえる。

ペーパータオルで吸い取ります

ペーパータオルの上にいったんおいて、余分な水分をとる。

液体の調味料は別容器に入れます

ドレッシングなど液体のものは別添えにして、食べるときにかける。

おかずの組合せに役立つ一覧表

この本で紹介しているメインおかず（揚げもの、味別に分類）、サブおかず1（味別に分類）、サブおかず2（色別に分類）を一覧表にしました。それぞれのブロックからひとつずつ選べば、お弁当が組み立てられる仕組みです。巻末の食材別INDEXもご活用ください。

メインおかず

揚げもの

鶏のから揚げ ▶p23	山椒風味塩から揚げ ▶p48	から揚げの香味酢がけ ▶p48	から揚げのトマト甘酢あん ▶p48
とんかつ ▶p27	みそとんかつ ▶p50	ハーブ衣とんかつ ▶p50	とんかつの洋風マリネ ▶p50
コロッケ ▶p31	春巻きコロッケ ▶p52	コロッケのチーズ焼き ▶p52	コロッケの卵とじ ▶p52
メンチカツ ▶p51	天ぷらシュウマイ ▶p53	鶏の紅しょうが衣天 ▶p77	豚肉揚げだんご ▶p72
ゆで豚のカレー衣揚げ ▶p86	牛カツ ▶p79	えびフライ ▶p35	さばの竜田揚げ ▶p47
あじの梅じそはさみ揚げ ▶p93	かじきのパセリチーズ衣揚げ ▶p99		

酸味

からし酢だれチキンソテー ▶p75	鶏の梅煮 ▶p76	豚肉のポン酢煮 ▶p72	さわらのさっぱり漬け ▶p97

メインおかず

しょうゆ味

 肉だんご ▶p29
 和風きのこソースハンバーグ ▶p49
 鶏の照り焼き ▶p37
 チキンロール ▶p67

 鶏肉の山椒風味甘辛炒め ▶p74
 豚のしょうが焼き ▶p39
 いんげんの肉巻き ▶p65
 牛すき煮 ▶p63

 韓国風肉炒め ▶p79
 のし焼き ▶p80
 ぶりの照り焼き ▶p43
 鮭の照り焼き ▶p45

 鮭のおろし煮 ▶p102
 いわしのかば焼き ▶p89
 たらの高菜煮 ▶p101
 さわらのごま衣焼き ▶p106

塩味

 ハンバーグ ▶p25
 チーズ入りハンバーグ ▶p49
 ピーマンの肉詰め ▶p51
 シュウマイ ▶p33

 しいたけシュウマイ ▶p53
 わかめ入り塩つくね ▶p81
 鶏肉の明太巻き ▶p76
 鶏肉の塩麹漬け ▶p83

 鶏肉のレモンオイル漬け ▶p84
 蒸し鶏ときゅうりのあえもの ▶p85
 豚肉のねぎ塩炒め ▶p73
 ゆで豚と小松菜の炒めもの ▶p86

 ミートローフ ▶p81
 鮭の香草パン粉焼き ▶p103
 えびのピカタ ▶p107

メインおかず

みそ味

豚のみそだれ焼き ▶p61

豚肉のみそ漬け ▶p83

牛肉とねぎのみそ煮 ▶p78

鮭のチャンチャン焼き ▶p103

さばのピーナツバターみそ煮 ▶p104

かじきのごまみそ焼き ▶p105

トマト／ケチャップ味

鶏肉のトマト煮 ▶p75

ポークケチャップ ▶p41

さばのケチャップあんかけ ▶p104

かじきのトマト蒸し煮 ▶p105

マヨネーズ味

肉だんごの梅マヨあえ ▶p51

蒸し鶏のねぎマヨ焼き ▶p85

鮭のマスタードマヨ焼き ▶p102

えびマヨ炒め ▶p107

スパイシー味

ハンバーグのマスタードソース煮 ▶p49

シュウマイとトマトのカレー炒め ▶p53

タンドリーチキン風 ▶p74

豚肉のバーベキューソース炒め ▶p84

牛ひき肉と豆のチリトマト煮 ▶p71

牛肉の粒マスタード炒め ▶p78

ぶりのカレームニエル ▶p95

さわらのバーベキューソース焼き ▶p106

中華・エスニック味

鶏の香味煮 ▶p69

鶏肉のカシューナッツ炒め ▶p77

ガパオ風炒めもの ▶p80

揚げない酢豚 ▶p57

ホイコーロー ▶p73

チンジャオロースー ▶p59

えびチリ ▶p91

主食＋メインおかず

ごはん＋メインおかず

鶏そぼろの3色ごはん ▶p145

鮭と野沢菜の混ぜごはん ▶p147

牛肉とブロッコリーのカレー炒め混ぜごはん ▶p147

焼き豚と卵のチャーハン ▶p149

じゃことのりの卵チャーハン ▶p149

牛肉としめじのピリ辛炊き込みごはん ▶p150

あさりとごぼうのみそ炊き込みごはん ▶p151

鶏肉とれんこんの和風炊き込みごはん ▶p151

オムライス ▶p153

ドライカレー ▶p155

具だくさん親子丼 ▶p156

牛肉のオイスターソース炒め丼 ▶p157

厚揚げマーボー丼 ▶p157

のり弁 ちくわ&まいたけ天のせ ▶p159

豚天むす ▶p161

塩さばおにぎり ▶p162

肉巻きおにぎり ▶p162

わかめおにぎりのピカタ ▶p163

ねぎチャーシューおにぎり ▶p163

巻きずし ▶p165

いなりずし ▶p167

パン＋メインおかず

サンドイッチ ▶p171

ホットドッグ ▶p173

ささみのハーブソテーサンド ▶p174

牛しぐれ煮サンド ▶p174

鮭フライサンド ▶p175

かにかまオムレツサンド ▶p175

麺＋メインおかず

ソース焼きそば ▶p177

そうめんチャンプルー ▶p177

焼きうどん ▶p177

ショートパスタナポリタン ▶p179

しょうゆ風味の和風パスタ ▶p179

サブおかず1

酸味

いんげんのハーブドレッシングあえ ▶p114

かぶのしょうが酢あえ ▶p117

コールスロー ▶p41

きゅうりの酢のもの ▶p116

きゅうりとかぶのサラダ ▶p153

大根と油揚げの酢のもの ▶p47

大根のからし酢あえ ▶p117

ミニトマトとエリンギのマリネ ▶p179

炒めなます ▶p43

にんじんとえのきの酢のもの ▶p65

にんじんの和風サラダ ▶p114

ピクルス ▶p140

ピーマンとしらたきのごま酢あえ ▶p29

ブロッコリーと卵のサラダ ▶p119

ブロッコリーとパインのサラダ ▶p155

しょうゆ味

小松菜と高野豆腐の煮もの ▶p31

小松菜としいたけの炊き合わせ ▶p61

小松菜の炒め煮 ▶p113

小松菜の煮びたし ▶p116

ほうれん草とゆで豚のごまあえ ▶p167

アスパラとしいたけの焼きびたし ▶p23

アスパラのしょうゆ炒め ▶p115

キャベツとじゃこの煮びたし ▶p99

きんぴらごぼう ▶p138

切り干し大根の煮もの ▶p139

チンゲン菜と厚揚げの炒めもの ▶p91

チンゲン菜とハムのからしあえ ▶p101

にんじんとしめじの煮もの ▶p39

パプリカとアスパラのしょうゆ炒め ▶p93

万能ねぎ入り卵焼き ▶p45

ピーマンの煮びたし ▶p115

ひじきの煮もの ▶p139

塩味

小松菜とソーセージの炒めもの ▶p165

ほうれん草とコーンのソテー ▶p27

ほうれん草としめじのおかか炒め ▶p63

アスパラの卵炒め ▶p69

アスパラとエリンギのソテー ▶p71

サブおかず1

塩味

いんげん入り卵焼き ▶p118

さやえんどうとエリンギの塩炒め ▶p112

じゃがいものザーサイ煮 ▶p59

玉ねぎの煮びたし ▶p113

チンゲン菜としいたけの炒めもの ▶p113

にんじんのごまあえ ▶p117

にんじん入りぺったんこオムレツ ▶p119

ブロッコリーの塩炒め ▶p115

三つ葉とたらこのいり卵 ▶p118

もやしの卵とじ ▶p119

みそ味

小松菜とちくわのみそマヨあえ ▶p89

いんげんとにんじんのみそ炒め ▶p37

玉ねぎのみそ炒め ▶p116

ピーマンとじゃがいものみそ炒め ▶p97

マヨネーズ味

ほうれん草入りポテトサラダ ▶p114

いんげんとひじきのマヨあえ ▶p67

キャベツの豆板醤マヨ炒め ▶p112

トマトといんげんのマヨサラダ ▶p25

トマトとソーセージのマヨサラダ ▶p95

ブロッコリーとハムのマヨサラダ ▶p35

中華味

キャベツときくらげの豆板醤あえ ▶p57

キャベツとアスパラの中華風あえもの ▶p149

ミニトマトとセロリの中華風からしあえ ▶p33

トマトの卵炒め ▶p118

スープ

野菜たっぷりみそ汁 ▶p161

さつま揚げ入りトマトスープ ▶p180

ポトフ ▶p180

豆のカレースープ ▶p181

牛肉と野菜のみそスープ ▶p181

豚肉と白菜の中華風スープ ▶p182

豆腐とレタスのかき卵スープ ▶p182

リピートおかずが大集合

人気おかずの お弁当

お弁当といえば誰もが思い浮かべる定番の味は、
入っているとうれしいおかずでもあります。
そんな人気おかずをメインにしたお弁当です。
手間がかかるおかずは夕飯のついでに作り、
朝から取りかかっても対応できるものは朝作る。
これなら、おいしくて手間なしのお弁当が作れます。

\夕飯の支度をしつつお弁当のおかずを作ろう！/
ついで準備で朝ラク弁当

夕飯を作るついでにお弁当用のおかずの準備もするのが、実は一番効率的。
そのうえ、朝の手数が少ないからラクちん。手のかかるおかずは事前準備がおすすめです。

たくあん
たくあんをひよこ形の抜き型で抜き、黒いりごまで目をつける。

メインおかず
鶏のから揚げ

卵をもみ込むから、冷めてもやわらか

サブおかず1
アスパラとしいたけの焼きびたし

ふたを開けたときに、かわいい！

ごはん

ミニトマト

サブおかず2
きゅうりのサラダ

・total **574**kcal・

鶏のから揚げ弁当

鶏のから揚げは、粉に片栗粉と薄力粉の両方を使うことで、サクサクとふわふわの両方が楽しめます。メインが揚げものだから、サブおかずはさっぱり味を組み合わせましょう。

しっかり味で冷めてもおいしい
鶏のから揚げ

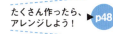
たくさん作ったら、アレンジしよう！ p48

■ 材料(作りやすい分量／4人分)

鶏もも肉	320g(大1枚)
A しょうゆ	小さじ2
みりん、酒	各小さじ1
溶き卵	½個分
片栗粉、薄力粉	各大さじ2
揚げ油	適量

● 1人分220kcal

■ 作り方

1 鶏肉はひと口大に、お弁当用は小さめのひと口大に切る。
2 ボウルに鶏肉、Aを入れてもみ、30分おく。
3 溶き卵をもみ込み、片栗粉と薄力粉を合わせて加え、粉気がなくなるまで混ぜる。
4 揚げ油を170〜180℃に熱し、鶏肉を中火できつね色になるまで5分ほど揚げる。

> 朝に揚げたい人は
> **ここまで**
> ▶朝は**3**からスタート

> 朝は温めるだけがいい人は
> **ここまで**
> ▶朝に温め直す

■ 保存
・下味をつけたもの…冷蔵庫で3日、冷凍庫で2週間
・揚げたもの…冷蔵庫で7日、冷凍庫で2週間

熱いうちに漬けるのがポイント
アスパラとしいたけの焼きびたし

■ 材料(1人分)

グリーンアスパラガス	30g(1〜2本)
しいたけ	40g(2枚)
A だし汁	大さじ1
しょうゆ、みりん	各小さじ1

● 1人分33kcal

■ 作り方

1 アスパラは根元のかたい部分を折り、根元のほうの皮を薄くむく。しいたけは軸を切る。Aは合わせておく。
2 グリルにアスパラとしいたけを並べ、中火で4〜5分焼く。
3 アスパラは4cm長さに、しいたけは5mm幅に切り、Aにひたして冷ます。

ポリポリの歯触りが心地いい
きゅうりのサラダ

■ 材料(1人分)

きゅうり	60g(¾本)
フレンチドレッシング (市販。またはp54)	大さじ1

● 1人分69kcal

■ 作り方

1 きゅうりは皮を縞目にむき、3〜4mm幅の小口切りにする。塩水(水1カップ、塩小さじ1)につけ、しんなりしたら水気を絞る。
2 きゅうりをドレッシングであえる。

詰め方手順

● ごはん
● カップを入れて鶏のから揚げ
● カップを入れてアスパラとしいたけの焼きびたし
● カップを入れてきゅうりのサラダ
● すき間にミニトマト
● ごはんにたくあん

finish!

ハンバーグ弁当

食べておいしく、アレンジの幅も広いハンバーグは多めに仕込むと便利です。
ハンバーグを詰めると茶色の面積が広くなってしまうので、彩りのよいサブおかずでカバーしましょう。

- 青のり
- **サブおかず2** えのきのおひたし — ごはんと相性抜群だから近くに詰めて。ごはんにのせてもOK
- ブロッコリー
- **サブおかず1** トマトといんげんのマヨサラダ — カップを敷いて味移りを防止。野菜から水分が出ても安心
- ごはん
- 梅干し
- **メインおかず** ハンバーグ — ソースは好みで。かけるなら、ふたにつかないように別添えに

・total 617kcal・

スタンダードな味で食べやすい
ハンバーグ

たくさん作ったら、アレンジしよう！ ▶p49

■ 材料(作りやすい分量／4人分)
- 合いびき肉 …………… 300g
- 塩 ………………… 小さじ½
- こしょう ………………… 少々
- 玉ねぎ ………… 100g(½個)
- パン粉 …………… 大さじ2
- 卵 ………………………… 1個
- サラダ油 ……………… 適量

●1人分243kcal

保存
- 成形したもの…冷蔵庫で2日、冷凍庫で2週間
- 焼いたもの…冷蔵庫で7日、冷凍庫で2週間

■ 作り方
1. 玉ねぎはみじん切りにし、パン粉を混ぜる。
2. ひき肉に塩、こしょう、1、卵を加え、粘り気が出るまでよく練る。
3. 4個に分け、お弁当用は1個をさらに半分にする(**a**)。両手のひらに交互に打ちつけて空気を抜き、丸く成形する。
4. フライパンにサラダ油を入れて中火で熱し、ハンバーグを並べ入れ、焼き色がついたら裏返してふたをし、7分ほど焼く。

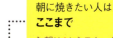

朝に焼きたい人はここまで
▶朝は4からスタート

朝は温めるだけがいい人はここまで
▶朝に温め直す

a お弁当用は詰めやすさと食べやすさを考えて、小さめに成形する。夕飯用の1個を半分にするくらいが目安。

赤と緑で彩りもバッチリ
トマトといんげんのマヨサラダ

■ 材料(1人分)
- トマト …………… 70g(½個)
- さやいんげん ……… 20g(3本)
- マヨネーズ …………… 大さじ1

●1人分102kcal

■ 作り方
1. トマトは種を取ってひと口大に切り、ペーパータオルで水気をとる。いんげんは2cm長さに切る。
2. 鍋に湯を沸かし、いんげんを2分ゆで、ざるに上げて冷ます。
3. トマトといんげんをマヨネーズであえる。

シャキシャキ食感の甘辛味おかず
えのきのおひたし

■ 材料(1人分)
- えのきたけ ……… 50g(½袋)
- A[しょうゆ、みりん ………… 各小さじ½]

●1人分20kcal

■ 作り方
1. えのきたけは根元を切り、3cm長さに切ってほぐす。
2. アルミ箔で包んでグリルにのせ、中火で3～4分焼く。
3. えのきたけを**A**であえる。

詰め方手順
- ごはん
- カップを入れてハンバーグ
- カップを入れてトマトといんげんのマヨサラダ
- カップを入れてえのきのおひたし
- すき間にブロッコリー
- ごはんに梅干しと青のり

finish!

シャキシャキの
キャベツで、
口がさっぱり

サブおかず 1
**ほうれん草と
コーンのソテー**

サラダ油で炒める
から、冷めても
油が固まらず、
おいしさキープ！

サブおかず 2
かぶのサラダ

**せん切り
キャベツ**
キャベツ20g(½枚)を
せん切りにする。

切って揚げて
いるから衣が
はがれにくい

メインおかず
とんかつ

ごはん

赤じそふりかけ

・total **694**kcal・

26

とんかつ弁当

とんかつには好みでソースを別添えしてもいいのですが、なくても食べられるように、しっかり塩、こしょうをふるのがお弁当ならではの技。サブおかずで野菜をしっかり補うのも忘れずに。

衣はサクサク、肉はしっとりの揚げあがり
とんかつ

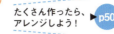
たくさん作ったら、アレンジしよう！▶p50

■ 材料（作りやすい分量／4人分）
- 豚ロース厚切り肉（とんかつ用） ……………… 4枚（360g）
- 塩 ……………………………… 小さじ¼
- こしょう ……………………………… 少々
- 薄力粉、溶き卵 …………… 各適量
- パン粉（霧を吹いて生パン粉状に戻す）……………………………… 適量
- 揚げ油 ……………………………… 適量

● 1人分319kcal

■ 作り方
1. 豚肉は赤身と脂身の間に包丁を入れて筋を切り、全体を軽くたたき、形を元に戻す。お弁当用は半分に切る（a）。
2. 塩、こしょうを全体にふり、薄力粉、溶き卵、パン粉の順に衣をつける。
3. 揚げ油を170～180℃に熱し、2を中火でカラリと揚げる。

a 衣をつける前にお弁当用サイズに切ると、全体が衣で覆われるので、詰めるときに衣がはがれにくい。

朝に揚げたい人はここまで
▶朝は3からスタート

朝は温めるだけがいい人はここまで
▶朝に温め直す

■ 保存
- 衣をつけたもの…冷蔵庫で2日、冷凍庫で2週間
- 揚げたもの…冷蔵庫で7日、冷凍庫で2週間

コーンの甘みで食べやすい
ほうれん草とコーンのソテー

■ 材料（1人分）
- ほうれん草 …………… 50g（¼束）
- コーン（缶詰）………………… 30g
- サラダ油 ………………… 小さじ1
- 塩、こしょう ……………… 各少々

● 1人分72kcal

■ 作り方
1. ほうれん草は熱湯で色よくゆでる。冷水にとり、水気を絞って3cm長さに切る。
2. フライパンにサラダ油を入れて中火で熱し、ほうれん草を炒める。水気が飛んで油がなじんだら、コーンの水気をきって加え、炒め合わせて塩、こしょうをふる。

酸味のあるおかずで口をさっぱりと
かぶのサラダ

■ 材料（1人分）
- かぶ ……………… 50g（小1個）
- フレンチドレッシング
  （市販。またはp54）…… 小さじ2
- パセリ（ドライ）………………… 少々

● 1人分51kcal

■ 作り方
1. かぶは2～3mm幅の半月切りにする。塩水（水1カップ、塩小さじ1）につけ、しんなりしたら水気を絞る。
2. かぶをドレッシングとパセリであえる。

詰め方手順
- ごはん
- カップを入れてせん切りキャベツ
- とんかつ
- ほうれん草とコーンのソテー
- カップを入れてかぶのサラダ
- ごはんに赤じそふりかけ

finish!

肉だんご弁当

ツヤツヤのたれがからんだ肉だんごは、ふたを開けたときに心おどるおかずです。
サブおかずのひとつは酸味のあるものを入れると、全体の味のバランスがととのい、飽きずに食べられます。

サブおかず2 さつまいもの オレンジ煮

ごはん

昆布の つくだ煮

素揚げにしているから、香ばしさも加わって、一層おいしい！

カールレタス

メインおかず 肉だんご

隣のおかずが緑色なので、すき間に入れるのは赤いものが合う

ラディッシュ
葉を切り落とし、根のほうに包丁で放射状の切り込みを入れる。

サブおかず1 ピーマンとしらたきの ごま酢あえ

・total 753kcal・

甘辛だれが魅力のリピート必至おかず
肉だんご

たくさん作ったら、アレンジしよう！ ▶p51

■材料(作りやすい分量／4人分)
- 豚ひき肉 …………………… 300g
- 塩 …………………………… 小さじ¼
- こしょう …………………… 少々
- 玉ねぎ ……………… 100g(½個)
- パン粉 …………………… 大さじ2
- 卵 ………………………… 1個
- 揚げ油 …………………… 適量
- A
  - だし汁 ………………… 1½カップ
  - しょうゆ ……………… 大さじ3
  - 砂糖 …………………… 大さじ2
  - みりん ………………… 大さじ1
  - 片栗粉 ………………… 小さじ2
- ●1人分326kcal

■作り方
1. 玉ねぎはみじん切りにし、パン粉を混ぜる。
2. ひき肉に塩、こしょう、1、卵を加えてよく練る。粘り気が出たら、ひと口大に丸める。
3. 揚げ油を150〜160℃に熱し、2を中火で4分ほど揚げる。
4. 鍋にAを入れてよく混ぜ、中火にかける。混ぜながら煮立て、とろみがついたら3を加えてからめる。

朝に味つけしたい人は
ここまで
▶朝は4からスタート

朝は温めるだけがいい人は
ここまで
▶朝に温め直す

保存
- 揚げたもの…冷蔵庫で7日、冷凍庫で2週間
- 味つけしたもの…冷蔵庫で7日、冷凍庫で2週間

同じ湯で続けてゆでるから効率よく作れる
ピーマンとしらたきのごま酢あえ

■材料(1人分)
- ピーマン …………… 40g(2個)
- しらたき …………… 50g(¼袋)
- 塩 …………………… 少々
- 酢 …………………… 小さじ½
- A
  - 酢 ………………… 大さじ½
  - 塩 ………………… 少々
  - 砂糖 ……………… 小さじ½
- 白すりごま ………… 大さじ1
- ●1人分74kcal

■作り方
1. ピーマンは細切りにする。しらたきは食べやすい長さに切る。
2. 鍋に湯を沸かし、ピーマンを20〜30秒ゆで、すくい取ってざるに上げる。塩をふり、冷ましておく。
3. 2の湯が再び沸いたら、しらたきを入れ、煮立ったらざるに上げて湯をきる。塩、酢をからめて冷ます。
4. Aを合わせ、ピーマンとしらたきをあえ、ごまを混ぜる。

ジュースの酸味で甘みが引き立つ
さつまいものオレンジ煮

■材料(1人分)
- さつまいも ………… 50g(小⅓本)
- オレンジジュース(果汁100%)
  - …………………………… 80ml
- ●1人分101kcal

■作り方
1. さつまいもは7〜8mm厚さの輪切りにする。鍋に入れて水を加え、中火でゆでる。
2. やわらかくなったら湯を捨てて、オレンジジュースを加え、汁気がなくなるまで煮る。

詰め方手順
- ごはん
- カップを入れてさつまいものオレンジ煮
- カップを入れて肉だんご
- ピーマンとしらたきのごま酢あえ
- すき間にカールレタスとラディッシュ
- ごはんに昆布のつくだ煮

finish!

人気おかずのお弁当

ついで準備で朝ラク弁当

コロッケ弁当

不動の人気をほこるコロッケ。それだけだと、たんぱく質が足りないので、小松菜の煮ものには高野豆腐を加えました。キャベツを2か所に使うので、下ごしらえは同時にすると効率がいいです。

サブおかず2
刻みキャベツのマヨコールスロー

サブおかず1
小松菜と高野豆腐の煮もの

ヘルシーな青菜の煮もので、健康面の気づかいを

キャベツの水気を吸わないように、コロッケはカップに入れて

ごはん

ふりかけ

ソースは好みで。かけるなら、別容器に入れて持って行って

せん切りキャベツ
キャベツ20g(½枚)をせん切りにする。

メインおかず
コロッケ

・total 751 kcal・

じゃがいもがベースのおなじみの味
コロッケ

たくさん作ったら、アレンジしよう！ ▶p52

■ 材料（作りやすい分量／4人分）

じゃがいも	350g(2～3個)
牛ひき肉	100g
玉ねぎ	100g(½個)
サラダ油	大さじ1
塩	小さじ¼
こしょう	少々
溶き卵	適量
パン粉（霧を吹いて生パン粉状に戻す）	適量
揚げ油	適量

●1人分236kcal

保存
- 衣をつけたもの…冷蔵庫で2日、冷凍庫で2週間
- 揚げたもの…冷蔵庫で7日、冷凍庫で2週間

■ 作り方

1. じゃがいもは大きめのひと口大に切る。鍋に入れて水を加え、中火にかけて15～20分ゆでる。玉ねぎはみじん切りにする。
2. フライパンにサラダ油を入れて中火で熱し、ひき肉を炒める。ぽろぽろになったら、玉ねぎを加えて炒め、しんなりしたら塩、こしょうをふる。
3. **1**のじゃがいもがやわらかくなったら湯を捨て、熱いうちにつぶす。**2**を加えて混ぜる。バットに広げ、上からぎゅっと押して平らにし、冷ます。
4. 8個に分け、丸く成形する。お弁当用は1個を3等分にして（**a**）、形をととのえる。溶き卵、パン粉の順に衣をつける。
5. 揚げ油を170～180℃に熱し、**4**を中火できつね色になるまで揚げる。

a お弁当用は小さめに成形すると、詰めやすく食べやすい。夕飯用の1個を3等分にするくらいが目安。

朝に揚げたい人は ここまで
▶朝は**5**からスタート

朝は温めるだけがいい人は ここまで
▶朝に温め直す

煮含めているから味がしみている
小松菜と高野豆腐の煮もの

■ 材料（1人分）

小松菜	50g(2株)
高野豆腐	小4個(12g)
A　だし汁	150ml
塩	少々
みりん	小さじ½
しょうゆ	小さじ¼

●1人分83kcal

■ 作り方

1. 小松菜は3～4cm長さに切る。
2. 鍋に**A**を入れ、中火で煮立てる。高野豆腐を加え、ふっくらと戻ったら**1**を加える。
3. 小松菜がしんなりして、汁気がほとんどなくなるまで煮る。

せん切りとは違う食感が新たなおいしさ
刻みキャベツのマヨコールスロー

■ 材料（1人分）

キャベツ	50g(1枚)
塩	少々
マヨネーズ	大さじ2
こしょう	少々

●1人分180kcal

■ 作り方

1. キャベツは7～8mm角に切る。塩をふってもみ、しんなりしたら水気を絞る。
2. マヨネーズ、こしょうであえる。

詰め方手順
- ごはん
- カップを入れて小松菜と高野豆腐の煮もの
- カップを入れて刻みキャベツのマヨコールスロー
- せん切りキャベツ
- カップを入れてコロッケ
- ごはんにふりかけ

finish!

焼きのり
細長く切り、ごはんの上に格子状にのせる。

格子状にのせて白いごはんのポイントに。市松模様もおすすめ

シュウマイが白いので、葉を敷くと色が締まっておいしそう！

ごはん

カールレタス

メインおかず
シュウマイ

サブおかず1
セロリとミニトマトの中華風からしあえ

味がしっかりついているから、しょうゆはなくても食べられる

サブおかず2
チンゲン菜のしょうが炒め

・total 540kcal・

シュウマイ弁当

シュウマイは、詰めやすく食べやすいお弁当向きのおかずです。手作りのものは、ひと味もふた味も違うおいしさが味わえます。合わせるおかずも中華味でそろえ、中華弁当に仕立てました。

えびも入れるとより一層おいしい
シュウマイ

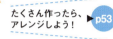

たくさん作ったら、アレンジしよう！ ▶p53

■材料(作りやすい分量／4人分)
- 豚ひき肉 …………………… 200g
- むきえび …………………… 100g
- 長ねぎ(みじん切り) ……… 10cm分
- しょうが(みじん切り) …… 1片分
- A
  - 塩 ………………… 小さじ1/3
  - しょうゆ、オイスターソース ………………… 各小さじ1
  - 酒、ごま油 …… 各小さじ2
  - 砂糖 ……………… 小さじ1/2
  - こしょう ………………… 少々
- シュウマイの皮 …………… 16枚

●1人分202kcal

■作り方
1. むきえびは背わたを取り、細かく刻んでから包丁でたたき、ミンチ状にする。
2. ひき肉、1、長ねぎ、しょうが、Aを合わせてよく練り、16等分にする。
3. シュウマイの皮の中央に2をのせ、皮を寄せて包む。
4. 蒸気の上がった蒸し器に並べ、強火で7～8分蒸す。

保存
- 包んだもの…冷蔵庫で2日、冷凍庫で2週間
- 蒸したもの…冷蔵庫で5日、冷凍庫で2週間

朝に蒸したい人は**ここまで**
▶朝は4からスタート

朝は温めるだけがいい人は**ここまで**
▶朝に温め直す

オイスターソースが味の決め手
ミニトマトとセロリの中華風からしあえ

■材料(1人分)
- セロリ …………… 40g(1/2本)
- ミニトマト ……………… 3個
- A
  - 練りからし、オイスターソース ………………… 各小さじ1/4
  - 塩 ……………………… 少々
  - ごま油 …………… 小さじ1/2

●1人分41kcal

■作り方
1. セロリは小さめの乱切りにする。塩水(水1カップ、塩小さじ1)につけ、しんなりしたら水気を絞る。
2. ミニトマトは半分に切る。
3. Aを混ぜ合わせ、セロリとミニトマトをあえる。

しょうがの風味ですっきり、さっぱり
チンゲン菜のしょうが炒め

■材料(1人分)
- チンゲン菜 ………… 80g(1株)
- しょうが(せん切り) ……… 少々
- ごま油 ………………… 小さじ1
- 塩 ……………………… 少々

●1人分45kcal

■作り方
1. チンゲン菜は食べやすい大きさに切る。
2. フライパンにごま油、しょうがを入れて中火で熱し、チンゲン菜を炒める。油がなじんでしんなりしたら塩をふる。

詰め方手順
- ごはん
- カールレタスを敷いてシュウマイ
- チンゲン菜のしょうが炒め
- カップを入れてセロリとミニトマトの中華風からしあえ
- ごはんにのり

finish!

人気おかずのお弁当

ついで準備で朝ラク弁当

尾の赤が
きれいだから、
赤いおかずの
代わりになる

レモンを絞って
召し上がれ。
好みでソースを
添えても

サブおかず1
ブロッコリーとハムの
マヨサラダ

ごはん
黒いりごまをふる。

レモン

カップの
黄色が効果的。
色が足りないときは
カップに頼っても

サブおかず2
まいたけの煮びたし

カールレタス

メインおかず
えびフライ

・total **539**kcal・

34

えびフライ弁当

えびフライは火の通りが早いので、パン粉をつけておけば、朝に揚げても時間はさほどかかりません。サブおかずは、それぞれマヨネーズとしょうゆ味で、味の重なりがないようにしています。

人気おかずのお弁当

ついで準備で朝ラク弁当

腹に切り込みを入れるとまっすぐ揚がる
えびフライ

■ 材料(作りやすい分量／4人分)
えび ……………… 16尾(320g)
塩、こしょう ……………… 各少々
薄力粉、溶き卵 ………… 各適量
パン粉(霧を吹いて生パン粉状に戻す)
……………………………… 適量
揚げ油 …………………… 適量
●1人分157kcal

■ 作り方
1 えびは背わたを取り、尾と殻をひと節残してむく。腹側に1〜2cm間隔で切り込みを深く入れる。
2 水気をふいて塩、こしょうをふる。薄力粉、溶き卵、パン粉の順に衣をつける。
3 揚げ油を170〜180℃に熱し、2を中火でカラリと揚げる。

朝に揚げたい人は
ここまで
▶朝は3からスタート

朝は温めるだけがいい人は
ここまで
▶朝に温め直す

■ 保存
・衣をつけたもの…冷蔵庫で2日、冷凍庫で2週間
・揚げたもの…冷蔵庫で7日、冷凍庫で2週間

角切りハムがソースのようにからむ
ブロッコリーとハムのマヨサラダ

■ 材料(1人分)
ブロッコリー ………… 40g(3房)
ハム ……………………… 1枚
マヨネーズ …………… 大さじ1
●1人分119kcal

■ 作り方
1 ブロッコリーは小さく分け、熱湯で色よくゆでる。ざるに上げて湯をきり、冷ます。ハムは5mm角に切る。
2 ブロッコリーとハムをマヨネーズであえる。

地味だけれど滋味深い味わい
まいたけの煮びたし

■ 材料(1人分)
まいたけ ………… 40g(½パック)
だし汁 ………………… 大さじ2
しょうゆ ……………… 小さじ1
●1人分11kcal

■ 作り方
1 まいたけは石づきを切り、食べやすい大きさにさく。
2 鍋にだし汁、しょうゆを入れ、中火にかける。煮立ったらまいたけを加え、ふたをしてくたっとするまで3〜4分煮る。

詰め方手順
● ごはん
● まいたけの煮びたし
● カップを入れてブロッコリーとハムのマヨサラダ
● カールレタスを敷いてえびフライ
● すき間にレモン
● ごはんにごま
finish!

\ 朝イチからスタートでも大丈夫！ /
朝15分で作るお弁当

「できればお弁当は朝に作りたいけれど時間がない」と思っている人は少なくないはず。
手のかからないおかずならば、事前準備なしでも作れます。

- 照り焼きのたれがごはんにしみるとおいしいのでカップはなし
- 梅干し
- **メインおかず** 鶏の照り焼き
- 野菜は下ゆでしないから簡単
- ごはん
- 鶏肉は口に入れやすく、箸でつかめるよう、切ってから詰める
- **サブおかず2** もやしのからし酢あえ
- **サブおかず1** いんげんとにんじんのみそ炒め

• total 569kcal •

鶏の照り焼き弁当

お弁当のおかずの定番、鶏の照り焼きは、甘辛い味つけが白いごはんによく合います。調味料が重ならないように、サブおかずはみそと酢を使ったおかずを詰めました。

鶏の照り焼き
不動の人気をほこる甘辛味

■ 材料(1人分)
- 鶏もも肉 …………… 80g
- サラダ油 …………… 小さじ1
- しょうゆ、みりん …… 各大さじ½

●1人分228kcal

■ 作り方
1. 鶏肉は肉の厚い部分に包丁を入れて厚みを均等にする。
2. フライパンにサラダ油を入れて中火で熱し、鶏肉の皮を下にして入れ、ふたをして5分焼く。
3. 鶏肉の皮目がこんがりと焼けたら、返して3分焼く。
4. しょうゆ、みりんを合わせて加え、汁気がなくなるまでからめる(**a**)。

a 普段のおかずよりもたれを煮詰めて、しっかりからめる。

いんげんとにんじんのみそ炒め
野菜は太めに切って食感を楽しんで

■ 材料(1人分)
- さやいんげん ………… 30g(4本)
- にんじん …………… 20g(2cm分)
- ごま油 ……………… 小さじ½
- A[みそ、酒 ………… 各小さじ1
     砂糖 …………… 小さじ½]

●1人分57kcal

■ 作り方
1. いんげんは3cm長さに切る。にんじんも同じくらいの大きさに切る。Aは混ぜ合わせる。
2. フライパンにごま油を入れて中火で熱し、いんげんとにんじんを炒める。
3. 全体に油がなじんだらAを加え、炒め合わせる。

もやしのからし酢あえ
さっとゆでてシャキシャキ食感を残して

■ 材料(1人分)
- もやし …………… 50g(¼袋)
- A[練りからし、砂糖
       ………… 各小さじ½
     酢 …………… 大さじ1
     塩 …………… 少々]

●1人分32kcal

■ 作り方
1. もやしは熱湯でさっとゆで、ざるに上げて冷ます。
2. Aを混ぜ合わせ、もやしをあえる。

⏱ 15分で作る手順

みそ炒め
↓ いんげんとにんじんを切る(1)

からし酢あえ
↓ 湯を沸かす(1)

照り焼き
↓ 鶏肉の厚みを均等にする(1)
↓ 鶏肉を焼く(2)

からし酢あえ
↓ もやしをゆでて冷ます(1)

照り焼き
↓ 鶏肉を裏返して焼く(3)

からし酢あえ
↓ からし酢であえる(2)

照り焼き
↓ しょうゆとみりんをからめる(4)

みそ炒め
↓ Aを混ぜ合わせる(1)
↓ いんげんとにんじんを炒め、味つけ(2、3)

詰め方手順
- ごはん
- 鶏の照り焼き
- カップを入れてもやしのからし酢あえ
- いんげんとにんじんのみそ炒め
- ごはんに梅干し

finish!

人気おかずのお弁当 / 朝15分で作るお弁当

- 青のり
- ごはん
- メインおかず 豚のしょうが焼き
- ざく切りキャベツ
- 抜き型で抜くとかわいい。ふたを開けたときにほっこり
- じゃがいものせん切りは、スライサーを使うとラク
- サブおかず1 にんじんとしめじの煮もの
- サブおかず2 じゃがいもとわかめの酢のもの
- 濃い色をプラスすると、見た目の印象が締まる

• total 578kcal •

豚のしょうが焼き弁当

豚のしょうが焼きは、味がしっかりついているから冷めてもおいしく、ごはんとの相性もいい優秀おかずです。甘みはにんじんから、酸味は酢のものから。いろいろな味を詰めました。

調味料をからめるから味がしっかりつく
豚のしょうが焼き

■ 材料(1人分)
- 豚ロース肉(しょうが焼き用) …… 80g
- サラダ油 ……………… 小さじ1
- A
  - しょうゆ ………… 大さじ½
  - 砂糖 ……………… 小さじ1
  - しょうが(すりおろし)…小さじ1

●1人分268kcal

■ 作り方
1. 豚肉は半分に切る。Aは混ぜ合わせる。
2. フライパンにサラダ油を入れて中火で熱し、豚肉の両面をこんがりと焼く。
3. 余分な脂をふき取り、Aを加えて全体にからめる。

薄切りのにんじんだから火の通りが早い
にんじんとしめじの煮もの

■ 材料(1人分)
- にんじん ……………… 30g(⅙本)
- しめじ ………… 40g(½パック)
- だし汁 ……………… 80ml
- A
  - しょうゆ、みりん
    ………………… 各小さじ¼
  - 塩 ……………………… 少々

●1人分25kcal

■ 作り方
1. にんじんは5mm厚さの輪切りにする。好みで、菊形の抜き型で抜く。しめじは石づきを切ってほぐす。
2. 鍋にだし汁、にんじんを入れて中火にかけ、煮立ったらふたをして3分煮る。
3. Aを加え、さらに2分煮る。
4. しめじを加え、しんなりするまで煮る。

じゃがいものシャキシャキ食感がポイント
じゃがいもとわかめの酢のもの

■ 材料(1人分)
- じゃがいも …………… 30g(⅙個)
- カットわかめ(乾燥) ………… 少々
- A
  - 酢 …………………… 大さじ1
  - 砂糖 ……………… 小さじ½
  - 塩 ……………………… 少々

●1人分33kcal

■ 作り方
1. じゃがいもはせん切りにし、水でさっと洗う。わかめは水で戻し、小さく切る。
2. 鍋に湯を沸かし、じゃがいもとわかめをさっとゆで、ざるに上げて冷ます。
3. Aを混ぜ合わせ、じゃがいもとわかめをあえる。

15分で作る手順

- **酢のもの** → わかめを戻す(1)
- **煮もの** → にんじんを切り、しめじをほぐす(1)
- **酢のもの** → じゃがいもとわかめを切る(1) / 湯を沸かす(2)
- **煮もの** → にんじんをだし汁で煮る(2)
- **酢のもの** → じゃがいもとわかめをゆでる(2)
- **煮もの** → しょうゆ、みりん、塩で味つけ(3)
- **しょうが焼き** → しょうゆ、砂糖、しょうがを合わせる(1)
- **煮もの** → しめじを加える(4)
- **しょうが焼き** → 肉を切って焼き、味つけ(1、2、3)
- **酢のもの** → 酢、砂糖、塩であえる(3)

詰め方手順

- ごはん
- キャベツを敷いて豚のしょうが焼き
- にんじんとしめじの煮もの
- カップを入れてじゃがいもとわかめの酢のもの
- ごはんに青のり

↓
finish!

メインおかず
ポークケチャップ

ごはんと合うので、ごはんの近くに詰めるのもおすすめ

ごはん

塩辛いものがあるとごはんがすすむ。しば漬けなら彩りにもなる

漬けもの

サブおかず2
ほうれん草の煮びたし

サブおかず1
コールスロー

塩もみするからドレッシングのなじみがいい

・total 676kcal・

ポークケチャップ弁当

ポークケチャップは、ケチャップとウスターソースで味つけした、どこかなつかしい味。甘みがきいているから、サブおかずは酸味のあるコールスローを組み合わせました。

ポークケチャップ
ケチャップを炒めて深みのある味に

■材料(1人分)
- 豚ロース薄切り肉 ……… 80g
- 玉ねぎ ……………… 50g(¼個)
- マッシュルーム(缶詰・スライス) ……………… 30g
- サラダ油 …………… 小さじ1
- A
  - 赤ワイン ………… 大さじ1
  - トマトケチャップ … 大さじ2
  - ウスターソース … 大さじ½
  - こしょう ………… 少々

●1人分328kcal

■作り方
1. 玉ねぎは5mm幅の薄切りにする。
2. フライパンにサラダ油を入れて中火で熱し、豚肉を広げて入れ、両面を焼く。
3. 肉の色が変わったら余分な脂をふき取り、玉ねぎを加えて炒める。
4. 玉ねぎがしんなりしたらマッシュルームを加え、Aを順に加えて炒め合わせる。

コールスロー
洋風弁当のおかずにぴったり

■材料(1人分)
- キャベツ ……………… 50g(1枚)
- にんじん ……………… 10g(1cm分)
- 塩 ………………………… 少々
- フレンチドレッシング
  (市販。またはp54) …… 大さじ1

●1人分76kcal

■作り方
1. キャベツ、にんじんはせん切りにする。塩をふってもみ、しんなりしたら水気を絞る。
2. ドレッシングであえる。

ほうれん草の煮びたし
だしのうまみをほうれん草に含ませる

■材料(1人分)
- ほうれん草 …………… 50g(¼束)
- A
  - だし汁 ……………… 50ml
  - しょうゆ、みりん …… 各小さじ½

●1人分20kcal

■作り方
1. ほうれん草は熱湯で色よくゆでる。冷水にとり、水気を絞って4cm長さに切る。
2. 鍋にAを入れて中火にかけ、煮立ったらほうれん草を加え、混ぜながら1〜2分煮る。

15分で作る手順

煮びたし
→ 湯を沸かす(1)

コールスロー
→ キャベツ、にんじんを切って塩をふる(1)

ポークケチャップ
→ 玉ねぎを切る(1)

煮びたし
→ ほうれん草をゆでて切る(1)
→ だし汁、しょうゆ、みりんでほうれん草を煮る(2)

ポークケチャップ
→ 豚肉を焼く(2)
→ 玉ねぎを加えて炒める(3)
→ マッシュルームを炒め、赤ワイン、ケチャップ、ウスターソース、こしょうで味つけ(4)

コールスロー
→ 水気を絞り、ドレッシングであえる(1、2)

詰め方手順
- ごはん
- カップを入れてほうれん草の煮びたし
- カップを入れてコールスロー
- ポークケチャップ
- ごはんに漬けもの

finish!

人気おかずのお弁当／朝15分で作るお弁当

メインおかず
ぶりの照り焼き

ブロッコリー

すき間うめの
ブロッコリーが、
全体の淡い印象を
引き締める

サブおかず1
炒めなます

サブおかず2
さつまいもの
みそ煮

みその塩気が
あるから、
ごはんの
おかずになる

ごはん

・total 632kcal・

42

ぶりの照り焼き弁当

お弁当に入れる魚おかずの代表格、ぶりの照り焼き。漬け焼きではないので、朝の準備で間に合います。なますの酸味で口をさっぱり、さつまいもの甘みは口直しにもなります。

甘さ控えめのすっきり照り焼きだれ
ぶりの照り焼き

■ **材料(1人分)**
ぶり(切り身) ………… 1切れ(80g)
サラダ油 ……………… 小さじ1
しょうゆ、みりん …… 各小さじ1
● 1人分261kcal

■ **作り方**
1. ぶりは半分に切る(a)。
2. フライパンにサラダ油を入れて中火で熱し、ぶりを焼く。
3. 両面に焼き色がついたら、しょうゆとみりんを合わせて加え、全体にからめる。

a ぶりは、お弁当箱に詰めやすいように切る。1切れを半分くらいが目安。

15分で作る手順

みそ煮
さつまいもを切ってゆでる(1)

なます
にんじん、大根を切る(1)
にんじん、大根を炒める(2)
火からおろし、酢、塩、砂糖を混ぜる(3)

みそ煮
湯を捨て、みそを溶き入れて煮る(2)

ぶり照り
ぶりを切る(1)
ぶりを焼く(2)
しょうゆ、みりんをからめる(3)

炒めるから味がよくしみ込む
炒めなます

■ **材料(1人分)**
大根 …………………… 50g
にんじん ……………… 20g(2cm分)
ごま油 ………………… 小さじ1
A ┌ 酢 …………………… 小さじ2
  │ 塩 …………………… 少々
  └ 砂糖 ………………… 小さじ½
● 1人分62kcal

■ **作り方**
1. 大根、にんじんは細切りにする。
2. フライパンにごま油を入れて中火で熱し、にんじんと大根を炒める。
3. 油がなじんで軽く火が通ったら火からおろし、Aを加えて混ぜる。

甘さとしょっぱさのバランスがいい
さつまいものみそ煮

■ **材料(1人分)**
さつまいも …………… 30g(小⅕本)
みそ …………………… 大さじ½
● 1人分57kcal

■ **作り方**
1. さつまいもは7～8mm厚さの輪切りにする。鍋に入れて水を加え、中火でゆでる。
2. やわらかくなったら、湯をひたひたまで残して捨てる。みそを溶き入れ、汁気がほとんどなくなるまで煮る。

詰め方手順

● ごはん
● カップを入れてぶりの照り焼き
● カップを入れて炒めなます
● さつまいものみそ煮
● すき間にブロッコリー

finish!

ピックに刺すと口に運びやすい。ピックの色が彩りにも重宝する

金時豆の甘煮
金時豆の甘煮2個をピックに刺す。

サブおかず1
万能ねぎ入り卵焼き

サブおかず2
にんじんとブロッコリーの煮もの

ごはんを全面に敷き詰める。おかずの味がしみておいしい！

鮭を切らずに詰めると、迫力が出る。食べやすく切ってもOK

ごはん

メインおかず
鮭の照り焼き

・total 541kcal・

鮭の照り焼き弁当

老若男女に好まれる鮭弁。塩鮭を焼くだけでもいいのですが、ここではひと工夫して、生鮭に下味をつけて焼くことに。卵焼きと、色鮮やかな野菜の煮ものを添えて和の王道弁当に仕上げました。

みりんの効果で焼きあがりに照りが出る
鮭の照り焼き

■ 材料(1人分)
生鮭(切り身) ………… 1切れ(80g)
しょうゆ ……………… 大さじ½
みりん ………………… 小さじ1
● 1人分127kcal

■ 作り方
1 鮭にしょうゆとみりんをからめ、5分おく。
2 汁気をふき取り、グリルにのせ、中火で7～8分、こんがりするまで焼く。

黄に緑がはえておいしそう感がアップ
万能ねぎ入り卵焼き

■ 材料(1人分)
卵 ………………………… 1個
万能ねぎ(小口切り) …… 大さじ2
A ┌ 塩 ……………………… 少々
  │ しょうゆ …………… 2～3滴
  └ みりん …………… 小さじ¼
サラダ油 ………………… 適量
● 1人分128kcal

■ 作り方
1 卵は溶きほぐし、万能ねぎ、Aを混ぜる。
2 卵焼き器にサラダ油を入れて中火で熱し、1を2回に分けて流し入れて巻き、卵焼きを作る。食べやすい大きさに切る。

どちらの野菜もだしと合う
ブロッコリーとにんじんの煮もの

■ 材料(1人分)
ブロッコリー ………… 50g(3房)
にんじん ……………… 30g(⅙本)
A ┌ だし汁 ………………… 50ml
  │ 塩 ……………………… 少々
  └ しょうゆ、みりん
                  …… 各小さじ¼
● 1人分34kcal

■ 作り方
1 ブロッコリーは小さく分ける。にんじんは小さい乱切りにする。
2 鍋に湯を沸かし、にんじんを2分ゆでたら、ブロッコリーを加えて1分ゆで、ざるに上げて湯をきる。
3 鍋にAを入れて中火にかけ、にんじんとブロッコリーを加え、汁気がほとんどなくなるまで煮る。

15分で作る手順

照り焼き
鮭にみりんとしょうゆをからめる(1)

煮もの
湯を沸かす(2)
にんじんとブロッコリーを切る(1)
にんじんをゆでる(2)

照り焼き
鮭を焼く(2)

煮もの
ブロッコリーを加えてゆでる(2)
にんじんとブロッコリーを、だし汁、塩、しょうゆ、みりんで煮る(3)

卵焼き
卵に万能ねぎ、塩、しょうゆ、みりんを混ぜる(1)
卵を焼く(2)

詰め方手順

● ごはん
● 鮭の照り焼き
● 万能ねぎ入り卵焼き
● ブロッコリーとにんじんの煮もの
● ピックに刺した金時豆の甘煮

finish!

人気おかずのお弁当 / 朝15分で作るお弁当

サブおかず2
かぼちゃの塩昆布煮

塩昆布で煮れば、かぼちゃがごはんに合うおかずに

ふりかけ

ごはん

メインおかず
さばの竜田揚げ

下味をしっかりつけるから冷めてもおいしい！

サブおかず1
大根と油揚げの酢のもの

ミニトマト

カールレタス

葉を敷くと、色みがよくなる。仕切り代わりの役割も

・total 678kcal・

さばの竜田揚げ弁当

手がかかると思われがちな揚げものですが、そばで様子を見ながら別のおかずが作れるので、意外に早く作れます。径が小さい鍋なら油の量も少なくてすむので、めんどうがらずに、ぜひ！

人気おかずのお弁当 / 朝15分で作るお弁当

脂ののったさばがおいしく食べられる
さばの竜田揚げ

■材料(1人分)
さば(切り身)………… 1切れ(80g)
A ┌ しょうゆ……………… 小さじ1
　├ みりん……………… 小さじ½
　└ しょうが汁………… 小さじ½
片栗粉………………………… 適量
揚げ油………………………… 適量
●1人分330kcal

■作り方
1 さばは皮目に切り込みを入れて2～3cm幅に切り、Aをからめて7～8分おく。
2 汁気をきり、片栗粉をはたきつける。
3 揚げ油を170～180℃に熱し、さばを中火でカラリと揚げる。

揚げものによく合う酢の味のおかず
大根と油揚げの酢のもの

■材料(1人分)
大根………………………… 50g
塩………………………… 少々
油揚げ……………………… ¼枚
A ┌ 酢………………… 大さじ1
　├ 砂糖……………… 小さじ1
　└ 塩………………… 少々
●1人分45kcal

■作り方
1 大根は短冊切りにし、塩をふってもみ、しんなりしたら水気を絞る。
2 油揚げは細切りにし、熱湯でさっとゆでて油抜きをし、水気を絞る。
3 Aを混ぜ合わせ、大根と油揚げをあえる。

塩昆布の塩気が甘みを引き立てる
かぼちゃの塩昆布煮

■材料(1人分)
かぼちゃ…………………… 50g
水………………………… 80ml
塩昆布……………………… 5g
●1人分51kcal

■作り方
1 かぼちゃはひと口大に切る。
2 鍋にかぼちゃ、材料の水、塩昆布を入れ、ふたをして中火にかける。ときどき混ぜながら、やわらかくなり、汁気がほとんどなくなるまで煮る。

15分で作る手順

竜田揚げ
さばを切ってしょうゆとみりん、しょうが汁をからめる(1)

塩昆布煮
かぼちゃを切る(1)
かぼちゃに水、塩昆布を加えて煮る(2)

酢のもの
大根を切って塩でもむ(1)
油揚げを切って油抜きをする(2)

竜田揚げ
揚げ油を熱する(3)
さばに片栗粉をはたいて揚げる(2、3)

酢のもの
酢、砂糖、塩を混ぜ、大根と油揚げをあえる(3)

詰め方手順

● ごはん
● カップを入れてかぼちゃの塩昆布煮
● カールレタスを敷いてさばの竜田揚げ
● カップを入れて大根と油揚げの酢のもの
● すき間にミニトマト
● ごはんにふりかけ
↓
finish!

おかずの幅がグンと広がる！
人気おかずのアレンジ

p22〜33で夕飯のついでに作ったおかずのアレンジをご紹介。
アレンジのタイミングは、はじめから、途中で、できたものに、の3パターン。
無理なく、おいしく味を変えられるおかずばかりです。

鶏の
から揚げの
アレンジ

さっぱり塩味に
山椒の風味が
アクセント

はじめから

山椒風味塩から揚げ

■材料(1人分)

鶏もも肉 …………… 80g
A ┌ 塩、粉山椒 … 各少々
　└ 酒 ………… 小さじ½
溶き卵 ………… 大さじ½
片栗粉、薄力粉
　………… 各大さじ½
揚げ油 …………… 適量

●1人分304kcal

■作り方

1 鶏のから揚げの1(→p23)で、1人分を取り分ける。
2 左記の材料で、鶏のから揚げと同様にして作る。

から揚げの香味酢がけ

■材料(1人分)

鶏のから揚げ(→p23)
　………………… 1人分
A ┌ 長ねぎ(みじん切り)
　│　………… 5cm分
　│ しょうが(みじん切り)
　│　………… 小さじ1
　│ 酢 ………… 大さじ1
　│ しょうゆ … 小さじ½
　└ 砂糖 ……… 小さじ¼

●1人分233kcal

■作り方

1 Aを混ぜ合わせる。鶏のから揚げは、冷めていたら電子レンジで温める。
2 鶏のから揚げが熱いうちにAに加えて混ぜる。

長ねぎ入り
酢じょうゆで
さっぱり

できたものに

から揚げのトマト甘酢あん

さっと炒めた
トマトをつぶして
ソースに

■材料(1人分)

鶏のから揚げ(→p23)
　………………… 1人分
トマト ……… 50g(⅓個)
ごま油 ……… 小さじ½
A ┌ 水 ………… 大さじ2
　└ 塩、砂糖 … 各少々
水溶き片栗粉
　(水1：片栗粉1)… 少々

●1人分259kcal

■作り方

1 トマトは1cm角に切る。
2 フライパンにごま油を入れて中火で熱し、トマトを炒める。形がくずれたらAを加えて煮立て、水溶き片栗粉でとろみをつける。
3 鶏のから揚げを加え、からめる。

できたものに

人気おかずのお弁当 / 人気おかずのアレンジ

ハンバーグのアレンジ

チーズ入りハンバーグ

■ 材料(1人分)
ハンバーグ生地(→p25)
　………………… 1人分
プロセスチーズ …… 20g
サラダ油 ………… 少々
スライスチーズ
　(溶けないタイプ) …適量
● 1人分341kcal

■ 作り方
1 ハンバーグの3 (→p25)で、1人分を取り分ける。
2 プロセスチーズは半分に切り、2等分にしたハンバーグ生地の中に入れて丸く成形する。
3 ハンバーグと同様にして焼き、取り出してスライスチーズをのせる。

途中で

中と外のダブルチーズ！

和風きのこソースハンバーグ

■ 材料(1人分)
ハンバーグ(→p25)
　………………… 1人分
しめじ …… 30g(1/3パック)
えのきたけ …… 30g(1/3袋)
しょうゆ ……… 大さじ1/2
みりん ………… 小さじ1
酒 …………… 大さじ1
● 1人分292kcal

■ 作り方
1 しめじは石づきを切り、ほぐす。えのきたけは根元を切り、2〜3cm長さに切ってほぐす。
2 フライパンに1、しょうゆ、みりんを入れ、ハンバーグを加える。酒をふり、ふたをして中火にかけ、4〜5分蒸し煮にする。
3 きのこがくったとしたら、ハンバーグにからめる。

ヘルシーきのこがたっぷり

できたものに

できたものに

コクのある調味料で味変え

ハンバーグのマスタードソース煮

■ 材料(1人分)
ハンバーグ(→p25)
　………………… 1人分
玉ねぎ ……… 50g(1/4個)
サラダ油 ……… 小さじ1/2
A ｜ 粒マスタード、水
　｜　……… 各大さじ2
　｜ ウスターソース
　｜　………… 小さじ1
● 1人分356kcal

■ 作り方
1 玉ねぎは5mm幅の薄切りにする。
2 フライパンにサラダ油を入れて中火で熱し、玉ねぎを炒める。しんなりしたらA、ハンバーグを加えて煮からめる。

49

とんかつのアレンジ

一見いつものとんかつ。食べるとみそ味！

みそとんかつ

■材料(1人分)
豚ロース厚切り肉
　（とんかつ用）… 1枚(90g)
みそ ……………… 大さじ½
砂糖 ……………… 小さじ1
塩、こしょう …… 各少々
薄力粉、溶き卵 … 各適量
パン粉(霧を吹いて生パン粉
　状に戻す) ……… 適量
揚げ油 …………… 適量
●1人分392kcal

■作り方
1 とんかつの1(→p27)で、1人分を取り分ける。3等分に切り、厚みの半分に切り込みを入れる。
2 みそ、砂糖を混ぜ合わせ、肉の切り込みにはさむ。
3 とんかつと同様にして衣をつけて揚げる。

途中で

ハーブ衣とんかつ

■材料(1人分)
豚ロース厚切り肉
　（とんかつ用）… 1枚(90g)
塩、こしょう …… 各少々
薄力粉、溶き卵 … 各適量
パン粉(霧を吹いて生パン粉
　状に戻す) …… ⅓カップ
パセリ、タイム(各ドライ)
　………………… 各小さじ1
揚げ油 …………… 適量
●1人分387kcal

■作り方
1 パン粉にパセリとタイムを混ぜる。
2 とんかつの1(→p27)で、1人分を取り分け、3等分に切る。
3 とんかつと同様にしてハーブ衣をつけて揚げる。

衣にハーブを加えるだけの簡単アレンジ

途中で

生の野菜と酢の効果でさっぱり

とんかつの洋風マリネ

できたものに

■材料(1人分)
とんかつ(→p27) …… 1人分
玉ねぎ、きゅうり … 各15g
トマト ……… 20g(小⅛個)
フレンチドレッシング
　（市販。またはp54）
　………………… 大さじ1
●1人分391kcal

■作り方
1 玉ねぎ、きゅうりは7mm角に切る。トマトは種を取って7mm角に切る。とんかつは、冷めていたら電子レンジで温める。
2 玉ねぎ、きゅうり、トマトをドレッシングであえる。
3 とんかつが熱いうちに、2をかける。

肉だんごの
アレンジ

メンチカツ

■ 材料(1人分)

肉だんごの生地(→p29)
　　　　　　　　…… 1人分
薄力粉、溶き卵 … 各適量
パン粉(霧を吹いて生パン粉
状に戻す) ……… 適量
揚げ油 ……… 適量
● 1人分346kcal

■ 作り方

1 肉だんごの2(→p29)で、1人分を取り分ける。

2 1を2等分にし、両手のひらに交互に打ちつけて空気を抜き、丸く成形する。薄力粉、溶き卵、パン粉の順に衣をつける。

3 揚げ油を170〜180℃に熱し、2を中火できつね色になるまで揚げる。好みでソースをかけて食べる。

はじめから

まったく違う
おかずに
ガラリとチェンジ

ピーマンの肉詰め

■ 材料(1人分)

肉だんごの生地(→p29)
　　　　　　　　…… 1人分
ピーマン ……… 20g(1個)
薄力粉 ……… 適量
● 1人分221kcal

■ 作り方

1 肉だんごの2(→p29)で、1人分を取り分ける。

2 ピーマンは縦半分に切り、種を取る。内側に薄力粉を薄くふり、1を等分に詰める。

3 グリルに並べ、中火で7〜8分、火が通るまで焼く。好みでソースをかけて食べる。

はじめから

形を自由に
変えられるのが
肉だねの利点

肉だんごの梅マヨあえ

■ 材料(1人分)

肉だんごの素揚げ(→p29)
　　　　　　　　…… 1人分
マヨネーズ ……… 大さじ1
梅肉 ……… 小さじ1
● 1人分355kcal

■ 作り方

1 肉だんごの3(→p29)で、1人分を取り分ける。肉だんごは、冷めていたら電子レンジで温める。

2 マヨネーズと梅肉を混ぜる。

3 肉だんごが熱いうちに2に加えてからめる。

できたものに

マヨネーズでこってり、
梅ですっきり

人気おかずのお弁当

人気おかずのアレンジ

コロッケのアレンジ

春巻きコロッケ

■ 材料(1人分)
- コロッケの生地(→p31) ………… 1人分
- 春巻きの皮 ………… 2枚
- 水溶き小麦粉
  - （水1：薄力粉2）…… 少々
- 揚げ油 ………… 適量
- ●1人分341kcal

■ 作り方
1. コロッケの **4**（→p31）で、1人分を取り分ける。
2. 2等分にし、春巻きの皮で包む。包み終わりに水溶き小麦粉をぬり、巻きとめる。
3. 揚げ油を170～180℃に熱し、中火できつね色になるまで揚げる。

途中で
パン粉揚げよりも手軽にできる

コロッケのチーズ焼き

■ 材料(1人分)
- コロッケ(→p31) …… 1人分
- スライスチーズ
  - （溶けないタイプ）…… 1枚
- ●1人分297kcal

■ 作り方
チーズを3等分に切り、コロッケにのせる。オーブントースターで4～5分焼く。

できたものに
チーズとは間違いなしの相性!

コロッケの卵とじ

■ 材料(1人分)
- コロッケ(→p31) …… 1人分
- 玉ねぎ ………… 50g(¼個)
- A
  - だし汁 ………… 50ml
  - しょうゆ …… 小さじ1
  - 砂糖 ……… 小さじ½
- 卵 ………… 1個
- ●1人分349kcal

■ 作り方
1. 玉ねぎは5mm幅の薄切りにする。
2. 鍋に**A**、玉ねぎを入れて中火にかけ、ふたをして4～5分煮る。
3. 玉ねぎがくたっとしたらコロッケを加え、卵を溶きほぐして流し入れる。ふたをして卵に火が通るまで煮る。

しっとりコロッケもおいしい!
できたものに

> シュウマイの
> アレンジ

しいたけシュウマイ

■ 材料(1人分)

シュウマイの生地(→p33)
　………………… 1人分
しいたけ ………… 小4枚
片栗粉 …………… 少々
● 1人分178kcal

■ 作り方

1 しいたけは軸を切り、笠の内側に片栗粉を薄くふる。
2 シュウマイの2(→p33)で、1人分を取り分ける。4等分にし、しいたけの笠の内側にこんもりと詰める。
3 シュウマイと同様にして蒸す。

> ころんとした形が愛らしい

（途中で）

人気おかずのお弁当　人気おかずのアレンジ

天ぷらシュウマイ

■ 材料(1人分)

シュウマイ(→p33)
　………………… 1人分
天ぷら粉
　………… 20g(約大さじ2)
水 ……………… 大さじ2
揚げ油 …………… 適量
● 1人分318kcal

■ 作り方

1 天ぷら粉に水を加え、なめらかになるまで混ぜる。
2 揚げ油を170〜180℃に熱し、シュウマイに1をからめ、中火でカラリと揚げる。

（できたものに）

> あえて多めに作ってアレンジしたい！

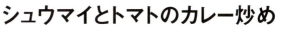

トマトにはかさ増しの効果も

シュウマイとトマトのカレー炒め

■ 材料(1人分)

シュウマイ(→p33)
　………………… 1人分
トマト ………… 50g(1/3個)
オリーブ油 …… 小さじ1
カレー粉、塩 …… 各少々
● 1人分252kcal

■ 作り方

1 トマトはひと口大に切る。
2 フライパンにオリーブ油を入れて中火で熱し、シュウマイを炒める。
3 全体に油が回ったらトマトを加えて水分を飛ばしながら炒め、カレー粉、塩をふる。

（できたものに）

53

味がピタリと決まる
定番おかずの調味料割合

定番おかずの味つけは、割合で覚えておくと便利です。
何度も本を開かなくていいですし、材料が増減したときでも対応できます。
忘れてしまっても、このページがあれば安心です。

＼甘み強めのこってり味／
かば焼き

しょうゆ	砂糖	酒	みりん
6 :	**3** :	**3** :	**1**
小さじ2	小さじ1	小さじ1	小さじ1/3

1人分の目安量 ➡

💡**memo** かば焼き以外に、炒めものや、漬け焼きのたれとしても使える。

＼あっさり甘辛味／
照り焼き

しょうゆ	酒	みりん
2 :	**1** :	**1**
小さじ2	小さじ1	小さじ1

1人分の目安量 ➡

💡**memo** しょうが（すりおろし）を足せば、しょうが焼きの味つけになる。

＼ごはんがすすむ甘みそ味／
みそ炒め

みそ	みりん	砂糖		しょうゆ
3 :	**1** :	**4**	**+**	少々
大さじ1	小さじ1	大さじ1 1/3		

1人分の目安量 ➡

💡**memo** 作る量が多い場合のしょうゆは、みそ大さじ3に対してしょうゆ小さじ1/2を基準に。

＼コクのある濃厚な味／
中華風炒め

オイスターソース	しょうゆ	酒		こしょう
3 :	**1** :	**3**	**+**	少々
大さじ1	小さじ1	大さじ1		

1人分の目安量 ➡

💡**memo** 炒めもののほか、ゆでた魚介や野菜の中華風あえものにも使える。

＼甘じょっぱい味／
ケチャップ炒め

トマトケチャップ	しょうゆ
4 :	**1**
大さじ2	大さじ1/2

1人分の目安量 ➡

💡**memo** 豆板醤や一味唐辛子など、辛みを加えると、チリソース風の味つけになる。

＼甘みがあって食べやすい／
甘酢

酢	砂糖	みりん	水		塩
3 :	**1** :	**1** :	**1**	**+**	少々
大さじ1	小さじ1	小さじ1	小さじ1		

1人分の目安量 ➡

💡**memo** 作る量が多い場合の塩は、酢大さじ3に対して塩小さじ1/2を基準に。

＼基本の万能ドレッシング／
フレンチドレッシング

酢	サラダ油		塩、こしょう
1 :	**2**	**+**	各少々
小さじ1	小さじ2		

1人分の目安量 ➡

💡**memo** 作る量が多い場合の塩は、酢大さじ2に対して塩小さじ1/2を基準に。

味もボリュームも満点

肉のおかずの
お弁当

肉のおかずは、おいしくてボリュームがあり、
ごはんにもよく合います。
だから使いやすいのが肉のいいところですが、
家庭でよく使う肉の種類や部位は、案外決まっているもの。
そこで、なじみのある肉に絞って、
味のバリエーションを多く紹介しました。
だから、リアルに役立ちます。

揚げない酢豚弁当

酢豚はそれ1品で肉も野菜も食べられる、栄養バランスのよい料理。手軽に作れるよう、肉は油で炒め焼きにする方法で作ります。中華味のサブおかずを合わせ、統一感のあるお弁当にしました。

肉のおかずのお弁当

薄切り肉だから火が早く通る
揚げない酢豚

■ 材料(1人分)
- 豚薄切り肉 …………… 80g
- A [しょうゆ、酒 …… 各小さじ½
     しょうが汁 ………… 小さじ1]
- 片栗粉 ………………… 適量
- 玉ねぎ ………………… 25g(⅛個)
- パプリカ(赤) ………… 20g
- ブロッコリー ………… 30g(2房)
- サラダ油 ……………… 大さじ½
- B [酢 ……………………… 大さじ3
     砂糖 …………………… 大さじ½
     トマトケチャップ、水 … 各大さじ1
     しょうゆ …………… 小さじ1
     片栗粉 ……………… 小さじ1]

● 1人分358kcal

■ 作り方
1. 豚肉は長さを半分に切り、Aをもみ込む。玉ねぎ、パプリカは1.5cm角に切る。ブロッコリーは小さく分けて、熱湯で色よくゆで、ざるに上げて湯をきる。
2. フライパンにサラダ油を入れて中火で熱し、豚肉に片栗粉をまぶし、ひと口大に丸めて並べ入れ、全体を焼く(a)。
3. 全体に焼き色がついたら玉ねぎ、パプリカを加えて炒める。
4. 玉ねぎがすき透ったらBを混ぜ合わせて加え、混ぜながら煮立てる。とろみがついたら、ブロッコリーを加えて火を通す。

a 表面がカリッとするまで焼くと、香ばしくておいしい。

コリコリきくらげがあと引く食感
キャベツときくらげの豆板醤あえ

■ 材料(1人分)
- キャベツ ……………… 30g(½枚)
- きくらげ(乾燥) ……… 1g(2個)
- A [ごま油 …………… 小さじ¼
     塩、砂糖 ………… 各少々
     豆板醤 …………… 小さじ¼]

● 1人分21kcal

■ 作り方
1. キャベツはひと口大に切る。きくらげは水で戻し、小さく切る。
2. 熱湯で1をさっとゆで、ざるに上げて湯をきり、あら熱をとる。
3. Aを順に加え、あえる。

セロリの味と食感がいきたシンプルな1品
セロリの塩炒め

■ 材料(1人分)
- セロリ ………………… 40g(½本)
- ごま油 ………………… 小さじ½
- 塩 ……………………… 少々

● 1人分24kcal

■ 作り方
1. セロリは3cm長さの細切りにする。
2. フライパンにごま油を入れて中火で熱し、セロリをさっと炒め、塩をふる。

詰め方手順
- ごはん
- カップを入れてキャベツときくらげの豆板醤あえ
- カップを入れて揚げない酢豚
- カップを入れてセロリの塩炒め
- ごはんに青のり

↓
finish!

チンジャオロースー弁当

チンジャオロースーは、コクのあるオイスターソース味で、ごはんによく合うおかずです。
サブおかずに使うじゃがいもは、レンジで加熱して時短を。その間に別のおかずが作れるのも利点です。

牛こま切れ肉を使うから切る手間なし
チンジャオロースー

■ 材料(1人分)

牛こま切れ肉	80g
A しょうゆ、酒、ごま油	各小さじ½
ピーマン	40g(2個)
パプリカ(赤)	20g(⅛個)
長ねぎ	20g(¼本)
サラダ油	小さじ1
B オイスターソース	大さじ½
しょうゆ	小さじ1
こしょう	少々

● 1人分302kcal

■ 作り方

1 牛肉にAをもみ込む。ピーマン、パプリカは6〜7mm幅の細切りにする。長ねぎは縦半分に切り、6〜7mm幅の斜め切りにする。

2 フライパンにサラダ油を入れて中火で熱し、牛肉を炒める。肉の色が変わったらピーマン、パプリカ、長ねぎを加えて炒める。

3 油がなじんだらBを順に加え、炒め合わせる。

味つけはザーサイまかせでOK
じゃがいものザーサイ煮

■ 材料(1人分)

じゃがいも	50g(⅓個)
ザーサイ(味つき)	15g
湯	50ml
塩、こしょう	各少々

● 1人分42kcal

■ 作り方

1 じゃがいもは皮ごとラップで包み、電子レンジで2分加熱する。皮をむき、ひと口大に切る。ザーサイは小さく切る。

2 鍋に材料の湯とじゃがいも、ザーサイを入れ、中火にかける。ときどき混ぜながら、汁気がほとんどなくなるまで煮て、塩、こしょうをふる。

甘酢にはちみつを使って風味づけ
かぶのはちみつ酢漬け

■ 材料(1人分)

かぶ	50g(小1個)
塩	少々
はちみつ	小さじ⅓
酢	小さじ1

● 1人分20kcal

■ 作り方

1 かぶは1〜2mm厚さの半月切りにする。塩をふってもみ、しんなりしたら水気を絞る。

2 はちみつと酢で、かぶをあえる。

詰め方手順

● チンジャオロースー
● カップを入れておにぎり
● カップを入れてじゃがいものザーサイ煮
● カップを入れてかぶのはちみつ酢漬け
● ごはんにごま
● すき間にたくあん

finish!

肉のおかずのお弁当

ごはん

白いりごま

ごはんと
よく合うから、
ごはんの近くに
詰めるのが正解！

メインおかず
豚の
みそだれ焼き

サブおかず1
小松菜と
しいたけの
炊き合わせ

サブおかず2
玉ねぎの
梅あえ

飾り切りの
ひと手間が、
見た目と
愛情アップに
効果的！

玉ねぎの
シャキシャキ感が
おいしい。
漬けもの代わり
にもなる

・total **593**kcal・

豚のみそだれ焼き弁当

甘辛みそをからめた豚肉はごはんとの相性抜群。ごはんがすすむおかずです。
味が濃厚だから、サブおかずにはさっぱりとしたものを合わせると、味にメリハリがつきます。

濃いめの味つけで冷めてもおいしい
豚のみそだれ焼き

■ 材料(1人分)

豚ロース肉(しょうが焼き用)
　……………………… 80g
サラダ油 ……………… 小さじ½
A ┌ みそ ……………… 小さじ2
　├ 砂糖 ……………… 小さじ1
　└ 酒 ………………… 大さじ1

● 1人分280kcal

■ 作り方

1 豚肉は半分に切る。Aは混ぜ合わせる。
2 フライパンにサラダ油を入れて中火で熱し、豚肉の両面ををこんがりと焼く。
3 余分な脂をふき取り、Aを加えてからめる。

早く火が通る食材なら煮ものもすぐできる
小松菜としいたけの炊き合わせ

■ 材料(1人分)

小松菜 ……………… 50g(2株)
しいたけ …………… 40g(2枚)
A ┌ だし汁 …………… 80㎖
　├ 塩 ………………… 少々
　├ しょうゆ ……… 小さじ¼
　└ みりん ………… 小さじ½

● 1人分24kcal

■ 作り方

1 小松菜は3～4cm長さに切る。しいたけは軸を切り、笠に放射状の切り込みを入れる。
2 鍋にAを入れて中火にかけ、煮立ったら小松菜、しいたけを加える。混ぜながら、くたっとするまで煮る。

梅の酸味と玉ねぎの食感がポイント
玉ねぎの梅あえ

■ 材料(1人分)

玉ねぎ ……………… 50g(¼個)
A ┌ 梅肉 ……………… 小さじ1
　└ 砂糖、酢 ……… 各小さじ½

● 1人分37kcal

■ 作り方

1 玉ねぎは1cm幅のくし形切りにし、熱湯でさっとゆで、ざるに上げて湯をきる。
2 Aを混ぜ合わせ、玉ねぎをあえる。

詰め方手順

● ごはん
● 豚のみそだれ焼き
● 小松菜としいたけの炊き合わせ
● カップを入れて玉ねぎの梅あえ
● ごはんにごま
↓
finish!

ごはんと大根の白が重なるので、カップを利用して色みを足して

ごはん

梅干し

梅形のにんじんは、抜き型を使えば簡単！

メインおかず
牛すき煮

サブおかず2
大根のゆず香漬け

サブおかず1
ほうれん草としめじのおかか炒め

・total 608kcal・

牛すき煮弁当

どの年代にも喜ばれる和風弁当です。牛すき煮は、肉を食べたい、でも野菜も食べたいというときにうってつけのおかず。甘さ控えめのあっさりとした味つけなので、食べ飽きません。

具だくさんで満足度も高いおかず
牛すき煮

■材料(1人分)
- 牛こま切れ肉 …………… 80g
- 長ねぎ …………… 20g(¼本)
- にんじん ………… 15g(1.5cm分)
- しらたき …………… 40g(⅕袋)
- 湯 …………………… 50㎖
- A｜酒 …………… 大さじ1
  ｜しょうゆ ……… 大さじ½
  ｜みりん ………… 小さじ1

●1人分307kcal

■作り方
1. 長ねぎは1cm幅の斜め切りにする。にんじんは3〜4mm厚さの輪切りにする。好みで、抜き型で抜く。しらたきは食べやすい長さに切り、熱湯でゆでてアクを抜く。
2. 鍋に材料の湯とにんじんを入れ、中火にかける。煮立ったらふたをし、3分煮る。
3. Aで調味し、牛肉を加えてアクを取り、長ねぎ、しらたきを加える。混ぜながら、汁気がほとんどなくなるまで煮る(a)。

a お弁当に入れるので、いつもの牛すき煮よりも煮汁を煮詰める。鍋を傾けると、底に少し煮汁が残るくらいまで。

ごま油の風味がきいている炒めもの
ほうれん草としめじのおかか炒め

■材料(1人分)
- ほうれん草 ………… 40g(⅕束)
- しめじ …………… 30g(⅓パック)
- ごま油 ……………… 小さじ½
- 塩 …………………… 少々
- 削り節 ……………… 2g

●1人分39kcal

■作り方
1. ほうれん草は熱湯で色よくゆでる。冷水にとり、水気を絞って3〜4cm長さに切る。しめじは石づきを切り、ほぐす。
2. フライパンにごま油を入れて中火で熱し、しめじ、ほうれん草の順に炒める。
3. 水気が飛んだら塩をふって火を止め、削り節を混ぜる。

ゆずはドライを使ってお手軽に
大根のゆず香漬け

■材料(1人分)
- 大根 ………………… 30g
- 塩 …………………… 少々
- A｜酢 …………… 小さじ2
  ｜砂糖 …………… 少々
  ｜ゆずの皮(ドライ) … 少々

●1人分10kcal

■作り方
1. 大根は小さな乱切りにし、塩をふって混ぜ、20分おく。しんなりしたら、もんで水洗いし、水気を絞る。
2. Aを混ぜ合わせ、大根をあえる。

詰め方手順
- ごはん
- カップを入れて大根のゆず香漬け
- 牛すき煮
- ほうれん草としめじのおかか炒め
- ごはんに梅干し

↓
finish!

肉のおかずのお弁当

ごはん

赤じそふりかけ

つるつるすべって
つかみにくい
こんにゃくは
ピックに刺して

サブおかず2
こんにゃくの
カレーきんぴら

サブおかず1
にんじんとえのきの
酢のもの

メインおかず
いんげんの肉巻き

いんげんは
下ゆでなしでOK。
朝の手数が
少なくてうれしい

ごはんを
敷いた上に
おかずをのせると
味がしみて
おいしい！

・total 592kcal・

肉巻き弁当

肉巻きにするとボリュームが出て食べごたえがあり、野菜もいっしょに食べられます。
サブおかずはどちらも味がしっかりしみ込んでいるから、時間がたってもおいしく食べられます。

甘辛の照り焼きだれをからめて
いんげんの肉巻き

■ 材料(1人分)
- 豚薄切り肉 …………… 80g(3枚)
- さやいんげん ………… 30g(4本)
- サラダ油 ……………… 小さじ1
- A
  - しょうゆ …………… 大さじ½
  - みりん ……………… 小さじ1
  - 酒 …………………… 大さじ1
- ●1人分283kcal

■ 作り方
1. いんげんは5〜6cm長さに切る。Aは混ぜ合わせる。
2. 豚肉を広げ、いんげんをのせて巻く。
3. フライパンにサラダ油を入れて中火で熱し、2の巻き終わりから焼きつけ、転がしながら全体を焼く。肉の色が変わったらAを加え、ふたをして3分蒸し焼きにする。
4. ふたを取り、フライパンをゆすりながら汁気を飛ばす。

レンジだけで作れる即席おかず
にんじんとえのきの酢のもの

■ 材料(1人分)
- にんじん ……………… 50g(⅓本)
- えのきたけ …………… 20g(⅕袋)
- A
  - 酢 …………………… 大さじ1
  - 塩 …………………… 少々
  - 砂糖 ………………… 小さじ½
- ●1人分33kcal

■ 作り方
1. にんじんはせん切りにする。えのきたけは根元を切り、3cm長さに切ってほぐす。
2. ラップでにんじんとえのきたけを包み、電子レンジで1分加熱する。
3. Aを合わせ、2をあえる。

意外にもこんにゃくにカレー味が合う
こんにゃくのカレーきんぴら

■ 材料(1人分)
- こんにゃく …………… 40g(¼枚)
- ごま油 ………………… 小さじ¼
- カレー粉 ……………… 少々
- しょうゆ ……………… 小さじ1
- みりん ………………… 小さじ½
- ●1人分24kcal

■ 作り方
1. こんにゃくは4〜5mm厚さ、2.5cm四方に切り、熱湯でゆでてアクを抜き、ざるに上げて湯をきる。
2. 鍋にごま油を入れて中火で熱し、こんにゃくを炒める。水気が飛んだらカレー粉をふって炒め、しょうゆとみりんを加えて炒める。

詰め方手順
- ごはん
- いんげんの肉巻き
- カップを入れてにんじんとえのきの酢のもの
- ピックに刺したこんにゃくのカレーきんぴら
- ごはんに赤じそふりかけ

↓
finish!

ごはん

サブおかず2
さつまいもの
ごま煮

サブおかず1
いんげんと
ひじきの
マヨあえ

ミニトマト

むね肉が
しっとりやわらか。
食感のある
にんじんが
いい具合

メインおかず
チキンロール

チキンロールの
下に葉を敷くと、
直に入れるよりも
おいしそう！

サラダ菜

• total **599**kcal •

チキンロール弁当

うず巻き模様がインパクト大のチキンロールは、色もきれいで見栄えがします。
レンジで作れるから、加熱している間は別のおかずに手を回して、効率よく仕上げましょう。

のりの風味が味のポイント
チキンロール

■ 材料(1人分)
鶏むね肉 …………………… 100g
しょうゆ …………………… 小さじ1
みりん ……………………… 小さじ½
にんじん …………………… 30g(⅕本)
焼きのり(全形) ……………… ¼枚
万能ねぎ(小口切り) ……… 大さじ3
● 1人分176kcal

■ 作り方
1 鶏肉は厚みがあるところに包丁を入れて厚みを均等にし、5〜6cm×10〜12cmの大きさに開く。しょうゆとみりんをからめる。
2 にんじんはせん切りにする。
3 鶏肉を縦長におき、のりを大きめにちぎってのせ、万能ねぎを散らし、にんじんをのせる。手前から巻き(a)、ラップで巻く(破裂防止のため、両端は閉じない)。
4 電子レンジで2分30秒〜3分加熱し、冷めたら食べやすい厚さに切る。

a 具だくさんなので、あふれないように具を押さえながら、きつく巻く。

新たなひじきの食べ方としておすすめ
いんげんとひじきのマヨあえ

■ 材料(1人分)
さやいんげん ……………… 30g(4本)
ひじき(ドライパック) ……… 20g
マヨネーズ ………………… 大さじ1
● 1人分93kcal

■ 作り方
1 いんげんは3cm長さに切る。
2 鍋に湯を沸かし、いんげんを2分ゆで、ひじきを加える。ひと煮立ちしたらざるに上げて湯をきり、冷ます。
3 いんげんとひじきをマヨネーズであえる。

たっぷりまぶしたごまが香ばしい
さつまいものごま煮

■ 材料(1人分)
さつまいも ………… 30g(小⅕本)
しょうゆ …………………… 小さじ½
白すりごま ………………… 小さじ2
● 1人分78kcal

■ 作り方
1 さつまいもはひと口大に切り、鍋に入れて水を加え、中火でゆでる。やわらかくなったら湯をひたひたまで残して捨てる。
2 しょうゆを加え、汁気がなくなるまで煮る。
3 ごまをまぶす。

詰め方手順

● ごはん
● サラダ菜を敷いてチキンロール
● カップを入れていんげんとひじきのマヨあえ
● さつまいものごま煮
● すき間にミニトマト
↓
finish!

肉のおかずのお弁当

ふりかけ　ごはん

サブおかず2
かぼちゃサラダ

味つけに酢を使うと、深みのある味に

メインおかず
鶏の香味煮

卵の黄色は、お弁当をおいしそうに見せる効果大！

サブおかず1
アスパラの卵炒め

・total 638kcal・

鶏の香味煮弁当

鶏の香味煮は、こってりのたれがからんでいて、ごはんがおいしく食べられます。
卵炒めは、作りやすい卵1個使い切りレシピ。塩気のあるおかずが2つなので、かぼちゃサラダで甘みを。

薬味だれはごはんにかけたいおいしさ
鶏の香味煮

■材料(1人分)

鶏もも肉 ………………… 80g
A ┌ 湯 …………………… 80㎖
  │ 酒 …………………… 大さじ1
  │ オイスターソース、しょうゆ
  └ ………………… 各小さじ½
長ねぎ(みじん切り) ……… 10㎝分
しょうが(みじん切り) …… 小さじ1

●1人分191kcal

■作り方

1 鶏肉は3等分に切る。
2 鍋にAを入れて中火で煮立て、鶏肉、長ねぎ、しょうがを加える。落としぶたをし、ときどき混ぜながら、汁気がほとんどなくなるまで煮る。

アスパラの食感をふんわり卵にプラス
アスパラの卵炒め

■材料(1人分)

グリーンアスパラガス
 ……………… 40g(1½本)
卵 ………………………… 1個
サラダ油 ………………… 小さじ1
塩 ………………………… 少々

●1人分129kcal

■作り方

1 アスパラは根元のかたい部分を折り、根元のほうの皮を薄くむき、3㎝長さに切る。
2 フライパンにサラダ油を入れて中火で熱し、アスパラを炒める。鮮やかになったら塩をふる。
3 卵を溶きほぐして流し入れ、大きく混ぜて炒め、火を通す。

熱いうちに味をつけるとよくしみる
かぼちゃサラダ

■材料(1人分)

かぼちゃ ………………… 50g
A ┌ 酢 …………………… 小さじ2
  └ 塩、こしょう ………… 各少々
ごま油 …………………… 小さじ½

●1人分66kcal

■作り方

1 かぼちゃはひと口大に切り、熱湯でゆでる。やわらかくなったら湯を捨て、熱いうちにAであえる。
2 あら熱がとれたら、ごま油を混ぜる。

詰め方手順

● ごはん
● カップを入れてかぼちゃサラダ
● カップを入れて鶏の香味煮
● カップを入れてアスパラの卵炒め
● ごはんにふりかけ
↓
finish!

肉のおかずのお弁当

牛ひき肉と豆のチリトマト煮弁当

牛ひき肉と豆のチリトマト煮はチリコンカン風の味。豆がごろごろ入って食べごたえも十分。ごはんにのせてもおいしいので、丼仕立てにするのもおすすめです。

スパイシーな味つけが食欲をそそる
牛ひき肉と豆のチリトマト煮

■ 材料(1人分)
- 牛ひき肉 …………………… 80g
- 玉ねぎ ……………… 50g(¼個)
- サラダ油 …………………… 小さじ1
- 白いんげん豆(ゆでたもの)※ …… 50g
- A
  - チリパウダー※ …… 小さじ½
  - チリペッパー※ ………… 少々
- B
  - カットトマト(缶詰) ……… 80g
  - トマトケチャップ、
  - ウスターソース
  - ………………… 各大さじ1
  - 塩 ……………………… 少々

●1人分403kcal

■ 作り方
1. 玉ねぎはみじん切りにする。
2. フライパンにサラダ油を入れて中火で熱し、ひき肉を炒める。ぽろぽろになったら玉ねぎを加えて炒め、白いんげん豆、Aを加えて炒める。
3. なじんだらBを加え、ときどき混ぜながら、汁気がほとんどなくなるまで煮る。

※乾燥の白いんげん豆をゆでる場合→p138
※チリパウダーは唐辛子をメインに数種類のハーブやスパイスを混ぜたミックススパイス。チリペッパーは乾燥した赤唐辛子を細かくひいたスパイス。

食感のよさが持ち味のシンプル炒め
アスパラとエリンギのソテー

■ 材料(1人分)
- グリーンアスパラガス
  - ……………… 40g(1½本)
- エリンギ …………… 30g(⅓パック)
- サラダ油 …………………… 小さじ½
- 塩、こしょう …………… 各少々

●1人分34kcal

■ 作り方
1. アスパラは根元のかたい部分を折り、根元のほうの皮を薄くむき、3㎝長さに切る。エリンギも同じくらいの大きさに切る。
2. フライパンにサラダ油を入れて中火で熱し、アスパラとエリンギを炒める。アスパラがやわらかくなったら塩、こしょうをふる。

レモンの風味で清涼感のある味
キャベツのレモンマリネ

■ 材料(1人分)
- キャベツ …………… 50g(1枚)
- レモン(いちょう切り)
  - ……………… 輪切り1枚分
- オリーブ油 ………… 小さじ½
- 塩、粗びき黒こしょう …… 各少々

●1人分31kcal

■ 作り方
1. キャベツはひと口大に切り、熱湯でさっとゆで、ざるに上げて湯をきる。
2. キャベツとレモンを合わせ、オリーブ油、塩、粗びき黒こしょうであえる。

詰め方手順
- ごはん
- カップを入れてアスパラとエリンギのソテー
- 牛ひき肉と豆のチリトマト煮
- カップを入れてキャベツのレモンマリネ
- ごはんに漬けもの
- finish!

おなじみの肉を使って
肉のおかず

よく使う肉って、案外決まってはいませんか。そこで、あえてそうした肉だけに絞って、肉のおかずを考えました。冷凍庫のストック肉と相談しながら決める。そんな使い方もできます。

やわらか食感の変わり肉だんご

ポン酢しょうゆは煮ものにも使えて便利

豚薄切り肉で
豚肉揚げだんご

■材料(1人分)
- 豚薄切り肉‥‥‥‥80g
- A [しょうゆ、酒‥‥各小さじ1/2
      こしょう‥‥‥少々]
- 溶き卵‥‥‥‥大さじ1
- 片栗粉‥‥‥‥大さじ1½
- 揚げ油‥‥‥‥適量

●1人分413kcal

■作り方
1. 豚肉は3〜4cm長さに切り、Aをもみ込む。溶き卵、片栗粉の順に加えて混ぜる。
2. 揚げ油を170〜180℃に熱し、1をひと口大に丸めて落とし入れる。
3. こんがりと色づき、まわりがカリッとするまで中火で揚げる。

 豚薄切り肉のおかずが4つ！
ももでもロースでもOK。

豚薄切り肉で
豚肉のポン酢煮

■材料(1人分)
- 豚薄切り肉‥‥‥‥80g
- 長ねぎ‥‥‥20g(¼本)
- しょうが(みじん切り)
  ‥‥‥‥‥‥小さじ1
- A [ポン酢しょうゆ、水
      ‥‥‥各大さじ2]

●1人分228kcal

■作り方
1. 豚肉は5〜6cm長さに切る。長ねぎは縦四つ割りにして、端から7mm幅に切る。
2. 鍋にAを入れて中火で煮立て、豚肉、長ねぎ、しょうがを加え、混ぜながら火が通るまで煮る。

> **味つけのadvice**
> ポン酢しょうゆだけの味つけだから、とても手軽です。それだけだと酸味が強いので、同量の水で割って使いましょう。さっぱりしつつも深みのある味に仕上がります。

シャキシャキねぎがたっぷり！

甜麺醤で本格的な味わい

肉のおかず・豚薄切り肉

豚薄切り肉で
豚肉のねぎ塩炒め

■材料(1人分)
豚薄切り肉……… 80g
長ねぎ……… 40g(½本)
オリーブ油……小さじ1
塩………………… 少々
●1人分253kcal

■作り方
1 豚肉は3～4cm長さに切る。長ねぎは斜め薄切りにする。
2 フライパンにオリーブ油を入れて中火で熱し、豚肉を炒める。
3 火が通ったら塩をふり、長ねぎを加えてさっと炒める。

作り方のadvice
長ねぎの食感が残るように、長ねぎを加えたら軽く炒めて火を止めます。1人分で長ねぎを½本使うので、野菜も同時に食べられるおかずです。

豚薄切り肉で
ホイコーロー

■材料(1人分)
豚薄切り肉……… 80g
キャベツ……… 50g(1枚)
A ┌ 甜麺醤(テンメンジャン)…小さじ2
　├ しょうゆ…小さじ1
　├ 豆板醤………… 少々
　└ しょうが(すりおろし)
　　　　………………少々
ごま油………… 小さじ1
●1人分255kcal

■作り方
1 豚肉は3～4cm長さに切る。キャベツはひと口大に切る。Aは混ぜ合わせる。
2 フライパンにごま油を入れて中火で熱し、豚肉を炒める。火が通ったら、キャベツを加えて炒め、Aを加えてからめる。

味つけのadvice
甜麺醤は中国の調味料で、八丁みそのような黒っぽい色をした甘みそ。独特のコクと甘みがあります。なければ、みそと砂糖各小さじ1で代用しても。

甘めのたれに山椒がピリリ！

カレーの風味が食欲を刺激

鶏もも肉で
鶏肉の山椒風味甘辛炒め

■ 材料(1人分)

鶏もも肉 …………… 80g
長ねぎ ……… 40g(½本)
ごま油 ………… 小さじ1
砂糖 …………… 小さじ½
しょうゆ ……… 小さじ1
粉山椒 ……………… 少々

● 1人分224kcal

■ 作り方

1 鶏肉はひと口大のそぎ切りにする。長ねぎは1cm幅の斜め切りにする。

2 フライパンにごま油を入れて中火で熱し、鶏肉を炒める。火が通ったら長ねぎを加えて炒める。

3 長ねぎがしんなりとしたら砂糖、しょうゆを加えて炒め合わせ、粉山椒をふる。

鶏もも肉のおかずが4つ！

鶏もも肉で
タンドリーチキン風

■ 材料(1人分)

鶏もも肉 …………… 80g

A ┌ 塩、こしょう … 各少々
　└ カレー粉 … 小さじ¼

B ┌ プレーンヨーグルト
　│　　　　　… 大さじ2
　│ トマトケチャップ
　│　　　　　… 大さじ1
　└ ウスターソース
　　　　　　… 小さじ1

● 1人分209kcal

■ 作り方

1 鶏肉にAをもみ込む。

2 Bを合わせ、1を加えて漬け込み、一晩おく。

3 まわりの漬けだれを軽くぬぐって落とし、グリルにのせ、中火で7〜8分こんがりと焼く。食べやすい大きさに切る。

> **作りおきのadvice**
>
> 材料の分量を増やして、多めに漬け込んでもOKです。冷蔵庫で5日ほど保存ができるので、忙しい朝に役立ちます。

トマトソースがよくからむ

からしの風味を感じるコクのあるたれ

肉のおかずのお弁当 / 肉のおかず・鶏もも肉

鶏もも肉で
鶏肉のトマト煮

■ 材料(1人分)
- 鶏もも肉 …………… 80g
- 塩、こしょう …… 各少々
- 薄力粉 …………… 適量
- 玉ねぎ(みじん切り)
  …………… 25g(1/8個分)
- オリーブ油 ……… 小さじ1
- A
  - カットトマト(缶詰) …………… 50g
  - 水 ………… 大さじ2
  - 砂糖、しょうゆ ……… 各小さじ1/4
  - ローリエ ……… 1/4枚

●1人分227kcal

■ 作り方
1. 鶏肉は半分に切り、塩、こしょうをふり、薄力粉をはたきつける。
2. フライパンにオリーブ油を入れて中火で熱し、鶏肉を焼く。
3. 肉の表面が焼けたら玉ねぎを加えて炒め、Aを加える。ときどき混ぜながら、汁気がほとんどなくなるまで煮る。

鶏もも肉で
からし酢だれチキンソテー

■ 材料(1人分)
- 鶏もも肉 …………… 80g
- 塩、こしょう …… 各少々
- 薄力粉 …………… 適量
- サラダ油 ……… 小さじ1
- A
  - 練りからし ……… 小さじ1/2
  - しょうゆ、砂糖 ……… 各小さじ1
  - 酢 ………… 大さじ1

●1人分233kcal

■ 作り方
1. 鶏肉は3等分に切り、塩、こしょうをふり、薄力粉をはたきつける。Aは混ぜ合わせる。
2. フライパンにサラダ油を入れて中火で熱し、鶏肉を焼く。
3. 両面がこんがりと焼けたらAを加え、全体にからめる。

 味つけのadvice
からしの辛み成分は揮発性で、熱を通すと辛さが弱まります。だから、このおかずも辛さはマイルド。からし酢みそのような味でコクがあり、ごはんにもぴったりです。

75

くるくるのうず巻き模様がかわいい

梅の酸味と塩分が鶏肉にしみている

鶏むね肉で
鶏肉の明太巻き

■ 材料(1人分)

鶏むね肉 …………… 80g
塩 ………………… 少々
酒 ……………… 大さじ½
からし明太子 ……… 20g
焼きのり(全形) …… ¼枚

● 1人分151kcal

■ 作り方

1 鶏肉は厚みがあるところに包丁を入れて厚みを均等にし、5～6㎝×10～12㎝の大きさに開く。塩、酒をもみ込む。
2 明太子は薄皮を取り除く。
3 鶏肉を縦長におき、明太子を広げ、のりを大きめにちぎってのせる。手前から巻いてラップで巻く(破裂防止のため、両端は閉じない)。
4 電子レンジで2分～2分30秒加熱し、冷めたら食べやすい厚さに切る。

鶏むね肉のおかずが4つ！
どれも鶏ささみでもOK。

鶏むね肉で
鶏の梅煮

■ 材料(1人分)

鶏むね肉 …………… 80g
梅干し …………… 大1個
だし汁 …………… 80㎖
みりん ………… 小さじ½
しょうゆ ………… 少々

● 1人分128kcal

■ 作り方

1 鶏肉はひと口大に切る。梅干しは全体を竹串でつき刺す。
2 鍋にだし汁、梅干しを入れて中火にかけ、ふたをして3分煮立てる。みりん、しょうゆ、鶏肉を加えてふたをし、5～6分煮る。

作り方のadvice

梅干しを竹串でつくのは、梅の風味が出やすいようにするためです。はじめにだし汁と梅干しだけで煮立てて風味を引き出し、その汁で鶏肉を煮ていきます。

肉のおかずのお弁当 / 肉のおかず・鶏むね肉

しょうが入りの衣が味のアクセント

カシューナッツが香ばしい

鶏むね肉で
鶏の紅しょうが衣天

■ 材料(1人分)
鶏むね肉 …………… 80g
塩、こしょう …… 各少々
紅しょうが ………… 30g
天ぷら粉
    ……… 20g(約大さじ2)
水 …………… 大さじ2
揚げ油 …………… 適量
●1人分284kcal

■ 作り方
1 鶏肉はひと口大のそぎ切りにし、塩、こしょうをふる。紅しょうがは細かく刻み、汁気を絞る。
2 天ぷら粉に水を加えて混ぜ、なめらかになったら、紅しょうがを混ぜる。
3 揚げ油を170～180℃に熱し、鶏肉に2の衣をからめて中火でカラリと揚げる。

> **アレンジのadvice**
> 鶏の紅しょうが衣天は、おにぎりの具にするのもおすすめです。p161の豚天むすと同じ要領でにぎりましょう。

鶏むね肉で
鶏肉のカシューナッツ炒め

■ 材料(1人分)
鶏むね肉 …………… 80g
玉ねぎ ……… 25g(1/8個)
パプリカ(赤) … 30g(1/6個)
ごま油 ………… 小さじ1
塩、こしょう …… 各少々
オイスターソース
    ……………… 小さじ1/2
カシューナッツ
    (ローストしたもの)
    ……………… 15g(10粒)
●1人分261kcal

■ 作り方
1 鶏肉、玉ねぎ、パプリカは1.5cm角に切る。
2 フライパンにごま油を入れて中火で熱し、鶏肉を炒める。色が変わったら、塩、こしょうをふる。
3 玉ねぎ、パプリカを加えて炒め、火が通ったらオイスターソースを加えて炒め合わせる。カシューナッツを加えて混ぜる。

粒マスタードで味がぴたりと決まる！

牛肉とみそでコク深い味

牛こま切れ肉で
牛肉の粒マスタード炒め

■材料(1人分)
牛こま切れ肉 ……… 80g
玉ねぎ ……… 50g(¼個)
オリーブ油 …… 小さじ1
粒マスタード …… 大さじ1
しょうゆ ……… 小さじ½
●1人分346kcal

■作り方
1 玉ねぎは1cm幅のくし形切りにする。
2 フライパンにオリーブ油を入れて中火で熱し、牛肉を炒める。
3 火が通ったら玉ねぎを加えて炒める。すき通ったら粒マスタードを加えて炒め合わせ、しょうゆを加えて混ぜる。

牛こま切れ肉で
牛肉とねぎのみそ煮

■材料(1人分)
牛こま切れ肉 ……… 80g
長ねぎ ……… 40g(½本)
A [水 ……… 80ml
    酒 ……… 大さじ1
    みそ ……… 大さじ½
    砂糖 ……… 小さじ1]
●1人分313kcal

■作り方
1 長ねぎは2cm長さに切る。
2 鍋にAを入れて中火で煮立てる。牛肉を加え、混ぜながら火を通す。
3 アクを取り、長ねぎを加え、5～6分煮る。

牛こま切れ肉のおかずが4つ！

🔄 **アレンジのadvice**
ここでは長ねぎを合わせましたが、玉ねぎでもおいしいです。えのきたけやしめじ、まいたけなど、きのこ類もよく合います。

肉がふんわり噛みやすい

ごまや薬味の香りが食欲をそそる味つけ

肉のおかずのお弁当

肉のおかず・牛こま切れ肉

牛こま切れ肉で
牛カツ

■ 材料(1人分)
牛こま切れ肉 ……… 80g
塩、こしょう …… 各少々
薄力粉、溶き卵 … 各適量
パン粉(霧を吹いて生パン粉
　状に戻す) ………… 適量
揚げ油 …………… 適量
● 1人分399kcal

■ 作り方
1 牛肉は塩、こしょうをふり、4等分にする。大きめのひと口大にまとめ、7〜8mm厚さにつぶす。
2 薄力粉、溶き卵、パン粉の順に衣をつける。
3 揚げ油を170〜180℃に熱し、2を中火でカラリと揚げる。好みでソースをかけて食べる。

 作り方のadvice
牛こま切れ肉は、トレイにパックされたその形のまま、広げずに衣をつけるのがポイントです。空気が間に入ってやわらかく揚がります。

牛こま切れ肉で
韓国風肉炒め

■ 材料(1人分)
牛こま切れ肉 ……… 80g
A ┌ しょうゆ …… 小さじ1
　│ 砂糖 ……… 小さじ½
　│ ごま油 …… 小さじ1
　│ 長ねぎ(みじん切り)
　│　 ………… 5cm分
　│ しょうが(みじん切り)
　│　 ………… 小さじ1
　│ 白いりごま … 小さじ1
　└ 一味唐辛子 …… 少々
● 1人分329kcal

■ 作り方
1 牛肉にAをもみ込む。
2 フライパンを中火で熱し、1を入れて肉に火が通るまで炒める。

味つけのadvice
普段のおかずならば、下味のAに、にんにくのみじん切りを加えてもおいしいです。お弁当のおかずには、香りの強いにんにくは除くのがベターです。

薄めに成形するから火が通りやすい

ごはんにのせて食べたいおかず

牛ひき肉で
のし焼き

■材料(1人分)
牛ひき肉 ……… 80g
A ┃ しょうゆ …… 小さじ1
　┃ 砂糖 ……… 小さじ½
　┃ ごま油 …… 小さじ1
　┃ 長ねぎ(みじん切り)
　┃ ………… 5cm分
　┃ しょうが(みじん切り)
　┃ ………… 小さじ1
白いりごま …… 小さじ2
●1人分304kcal

■作り方
1 ひき肉にAを加え、よく混ぜる。
2 アルミ箔に1をのせ、包丁の背でたたきながら、7～8mm厚さに広げる(大きさは、8～10cm×12～13cm)。
3 ごまをふり、グリルにのせ、中火で7～8分焼く。冷めたら食べやすい大きさに切る。

鶏ひき肉で
ガパオ風炒めもの

■材料(1人分)
鶏ひき肉 ……… 80g
玉ねぎ ……… 50g(¼個)
パプリカ(赤) …… 20g
青じそ ………… 3枚
サラダ油 …… 小さじ1
万能ねぎ ……… 2本
A ┃ 砂糖 ……… 小さじ½
　┃ しょうゆ …… 小さじ1
　┃ バジル(ドライ) ‥ 少々
●1人分221kcal

■作り方
1 玉ねぎは3mm幅の薄切りにする。パプリカは細切りにする。青じそはちぎる。万能ねぎは2cm長さに切る。
2 フライパンにサラダ油、青じそを入れて弱火で熱し、青じそがパリッとしたら取り出す。
3 中火にしてひき肉を炒め、玉ねぎ、パプリカを加えて炒める。全体がなじんだらAと万能ねぎを加えて炒め合わせ、青じそを戻し入れる。

ひき肉のおかずが4つ!

切った面がかわいい！

わかめの塩気がいい味わい

肉のおかずのお弁当

肉のおかず・ひき肉

合いびき肉で
ミートローフ

■ 材料(1人分)
合いびき肉……………80g
塩、こしょう……各少々
玉ねぎ(みじん切り)
　……………25g(1/8個分)
パン粉…………小さじ1
溶き卵…………大さじ1
にんじん(1cm角×6〜7cm長さ)
　………………………1本
さやいんげん…………4本
●1人分297kcal

■ 作り方
1 玉ねぎとパン粉を混ぜる。
2 ひき肉に塩、こしょう、1、溶き卵を加え、粘り気が出るまでよく練る。
3 ラップに2の半量を縦3〜4cm×横6〜7cmに広げる。中央ににんじん、手前と向こう側にいんげんを2本ずつおく。残りの2をのせ、ラップで包む。直径4〜5cmの円柱状に形をととのえる。
4 電子レンジで2分30秒〜3分加熱する。冷めたら食べやすい厚さに切る。

 作り方のadvice
にんじんを花形にしたいときは1.5cm厚さの輪切りにしたにんじんを抜き型で4個抜き、それをつなぎ合わせて並べます。

鶏ひき肉で
わかめ入り塩つくね

■ 材料(1人分)
鶏ひき肉………………80g
カットわかめ(乾燥)…少々
長ねぎ(みじん切り)
　………………………10cm分
パン粉…………小さじ1
塩………………………少々
酒………………小さじ1
●1人分162kcal

■ 作り方
1 わかめは水で戻し、細かく刻む。長ねぎとパン粉を混ぜる。
2 ひき肉に塩、酒、1を加えてよく混ぜ、小さく丸める。
3 グリルに並べ、中火で5〜6分、全体がこんがりするまで焼く。好みで串に刺す。

アレンジのadvice
塩つくねに入れる具は、しいたけなどのきのこを刻んで入れてもおいしいです。ほかに、ひじきも合いますし、にんじんやごぼうなど水分の少ない野菜もおすすめです。

肉は「漬ける」「ゆでる」をしておくと 超便利

漬けたりゆでたりした肉があると、朝はこの作業をスキップできるからラクちん。
ゆで肉なら、味がついていないからアレンジしやすいのもいいところ。
どちらも「作っておいてよかった！」と思える便利食材です。

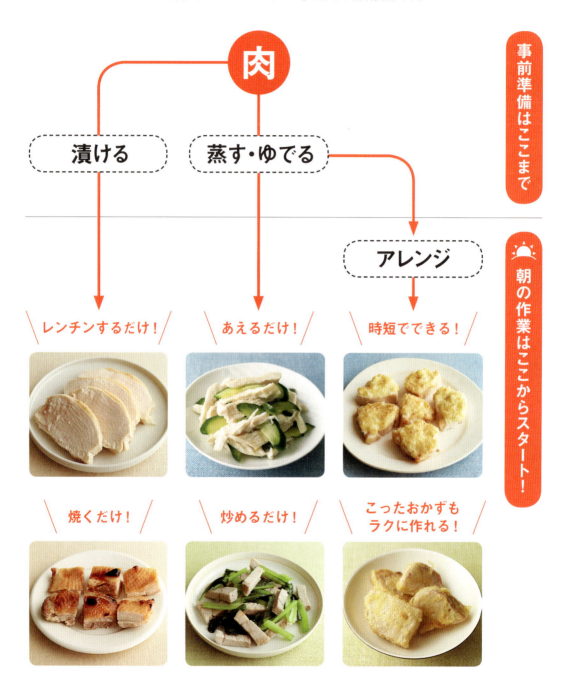

> ごはんがすすむ

みそ漬け

■ みそ床の割合

みそ	はちみつ
2	1

■ 漬け方

1. みそ床の材料を割合通りに混ぜ合わせる。
2. 広げたラップの上で、好みの食材にみそ床をまんべんなくからめ、ぴっちりと包む(a)。
3. 冷蔵庫で1晩以上おく。

a ラップが密着するようにきつく包む。こうすると、みそが少なくても味が行きわたる。

おすすめ食材 豚肉、鶏肉、切り身魚(鮭、さわら、ぶり、かじきなど)

保存 冷蔵庫で6日、冷凍庫で2週間

加熱法 みそを手でざっとぬぐい取り、グリルで焼くか電子レンジで加熱する。

\ たとえば… /
豚肉のみそ漬け

■ 材料(2人分)
豚ロース厚切り肉 ……… 2枚(160g)
みそ ……… 大さじ1
はちみつ ……… 大さじ½
●1人分242kcal

■ 作り方
1. みそ、はちみつを混ぜてみそ床を作る。豚肉は筋切りし、軽くたたく。
2. みそ床、豚肉の順に重ね、最後は豚肉の表面にみそ床をぬり広げる。ラップでぴっちりと包み、冷蔵庫で1晩以上おく。
3. 肉のまわりのみそを手でざっとぬぐい取り、グリルにのせ、中火で7～8分焼く。

> 身がやわらか

塩麹漬け

■ 塩麹床の割合

塩麹	しょうが(すりおろし)
3	1

■ 漬け方

1. 塩麹床の材料を割合通りに混ぜ合わせる。
2. 広げたラップの上で、好みの食材に塩麹床をまんべんなくからめ(a)、ぴっちりと包む。
3. 冷蔵庫で1晩以上おく。

a ラップの上で塩麹を全面にからめる。こうすると、洗いものも少なくてすむ。

おすすめ食材 豚肉、鶏肉、切り身魚(鮭、さわら、ぶり、かじきなど)

保存 冷蔵庫で6日、冷凍庫で2週間

加熱法 塩麹を手でざっとぬぐい取り、グリルで焼くか電子レンジで加熱する。ひと口大に切って炒めても。

\ たとえば… /
鶏肉の塩麹漬け

■ 材料(3人分)
鶏もも肉 ……… 1枚(250g)
塩麹 ……… 大さじ1
しょうが(すりおろし)
 ……… 小さじ1
●1人分179kcal

■ 作り方
1. 塩麹、しょうがを混ぜて塩麹床を作る。
2. 上記の漬け方2～3と同様にする。
3. 肉のまわりの塩麹を手でざっとぬぐい取り、グリルにのせ、中火で7～8分焼く。

> さわやかな風味

レモンオイル漬け

■レモンオイルだれの割合

塩	こしょう	レモンの輪切り	オリーブ油
漬ける食材の重量の**1**%	少々	適量	塩の**4**倍

■漬け方

1. ラップを広げて好みの食材をのせ、塩、こしょうをもみ込む。
2. 表面にレモンをはりつけ、オリーブ油をからめる（**a**）。
3. ラップでぴっちりと包み、冷蔵庫で1晩以上おく。

a オリーブ油をかけたら、全体にいきわたるようにからめる。

おすすめ食材 鶏肉、豚肉、切り身魚（さわら、さばなど）
保存 冷蔵庫で6日、冷凍庫で2週間
加熱法 レモンごと電子レンジで加熱する。ひと口大に切って炒めたり、から揚げにしたりしても。

\ たとえば… /
鶏肉のレモンオイル漬け

■材料(4人分)

鶏むね肉 ……… 1枚(300g)
塩 ………… 小さじ½(3g)
こしょう ………… 少々
レモン(3mm幅の輪切り)
　　　　　　　　　 4枚
オリーブ油 … 大さじ1(12g)
●1人分137kcal

■作り方

1. 上記の漬け方1〜3と同様にする。
2. 耐熱容器にレモンごとのせ、ラップをかぶせて電子レンジで3分加熱する。取り出してラップをぴっちりとかぶせ直し、そのまま冷ます。

> 奥行きのある味

バーベキューソース漬け

■バーベキューソースの割合

玉ねぎ（すりおろし）	しょうが（すりおろし）	ウスターソース	トマトケチャップ	赤ワイン
3	1	3	3	3

■漬け方

1. ポリ袋にバーベキューソースの材料を合わせ、好みの食材を加えてもみ込む。
2. 空気をしっかり抜き、袋の口を結ぶ（**a**）。冷蔵庫で1晩以上おく。

a 袋をねじってぎりぎりのところで結ぶ。こうすると、調味料がなじみやすい。

おすすめ食材 鶏肉、牛肉、切り身魚（鮭、ぶり、かじき、さわらなど）
保存 冷蔵庫で6日、冷凍庫で2週間
加熱法 油を熱したフライパンで焼く。アルミ箔の上にのせ、オーブントースターやグリルで焼いても。

\ たとえば… /
豚肉のバーベキューソース炒め

■材料(2人分)

豚こま切れ肉 ……… 200g
A [玉ねぎ（すりおろし）、ウスターソース、トマトケチャップ、赤ワイン
　　……… 各大さじ1
しょうが（すりおろし）
　　……………… 小さじ1]
サラダ油 ……… 大さじ1
●1人分348kcal

■作り方

1. ポリ袋にAを合わせ、豚肉を加えてもみ込む。上記の漬け方2と同様にする。
2. フライパンにサラダ油を入れて中火で熱し、1を汁ごと加えて炒める。

しっとりやわらか
蒸し鶏

■ **材料と作り方**(作りやすい分量)
1. 鶏むね肉1枚(300g)に塩小さじ¼、酒大さじ1をもみ込み、鍋に入れる。
2. 湯50mlを加えて中火にかけ、ふたをする。煮立ったら火を弱め、8分蒸し煮にする。火を止め、そのまま冷ます。

保存 冷蔵庫で5日

肉のおかずのお弁当 / 漬け・蒸し・ゆで肉のおかず

きゅうりの食感と
ごま油の風味をプラス

使い方1 蒸し鶏ときゅうりのあえもの

■ **材料**(1人分)

蒸し鶏	50g
きゅうり	40g(½本)
塩	少々
A ごま油	小さじ½
塩、こしょう	各少々

■ **作り方**
1. 蒸し鶏は食べやすい大きさにさく。
2. きゅうりは皮を縞目にむいて縦半分に切り、斜め薄切りにする。塩をふって混ぜ、しんなりしたらもんで水気を絞る。
3. 蒸し鶏ときゅうりを合わせ、Aであえる。

● 1人分100kcal

使い方2 蒸し鶏のねぎマヨ焼き

■ **材料**(1人分)

蒸し鶏	80g
こしょう	少々
長ねぎ(みじん切り)	5cm分
マヨネーズ	大さじ1

■ **作り方**
1. 蒸し鶏は5mm厚さのひと口大に切り、アルミ箔に並べる。こしょうをふり、長ねぎとマヨネーズを混ぜてのせる。
2. オーブントースターで7〜8分焼く。

● 1人分222kcal

こんがりと焼けたら
できあがり

> 使い勝手も◎

ゆで豚

■ 材料と作り方(作りやすい分量)

1. 豚ももかたまり肉300gに塩小さじ½をもみ込む(肉の重量の1%)。
2. 鍋に肉がかぶるくらいの量の水を沸かし、豚肉としょうが(薄切り)3枚、長ねぎ(青い部分)10cm分を加える。再び煮立ったらアクを取り、弱火で40～50分ゆでる。火を止め、そのまま冷ます。

保存 冷蔵庫で5日

> まずは塩とこしょうでシンプルに

使い方1 ゆで豚と小松菜の炒めもの

■ 材料(1人分)

ゆで豚	80g
小松菜	50g(2株)
ごま油	小さじ½
塩、こしょう	各少々

■ 作り方

1. ゆで豚は7～8mm角の棒状に切る。小松菜は3～4cm長さに切る。
2. フライパンにごま油を入れて中火で熱し、ゆで豚と小松菜を炒める。小松菜がしんなりしたら、塩、こしょうをふる。

● 1人分289kcal

使い方2 ゆで豚のカレー衣揚げ

■ 材料(1人分)

ゆで豚	50g
A 天ぷら粉	20g(約大さじ2)
カレー粉	小さじ¼
水	大さじ2
揚げ油	適量

■ 作り方

1. 豚肉はひと口大に切る。
2. Aを合わせ、なめらかになるまで混ぜる。
3. 揚げ油を170～180℃に熱し、豚肉に2の衣をつけて中火でカラリと揚げる。

● 1人分310kcal

> カラリと揚げるだけの時短おかず

食べたいおかずが満載

魚のおかずの
お弁当

魚のおかずはレパートリーが少ないのが悩み、
という人は少なくないでしょう。
そこで、バラエティーに富んだ味つけで、
ごはんによく合うおかずを紹介しました。
数多くある魚の中から、
手に入れやすく、使い慣れていて、扱いやすい、
これらを重視して魚を選んだので、使い勝手もバッチリです。

メインおかず
いわしのかば焼き

ごはんにのせるのが断然おすすめ。たれがしみておいしい！

サブおかず1
小松菜とちくわのみそマヨあえ

ごはん

紅しょうが
紅しょうがを桜の花びら形の抜き型で抜く。

サブおかず2
しめじの塩炒め

シンプルな塩味がかば焼きのおいしさを引き立てる

・total 793kcal・

いわしのかば焼き弁当

甘辛いかば焼きのたれは、誰もが好きな味。たれがしみたごはんも、またおいしい！
たれがしょうゆベースなので、合わせるサブおかずは調味料を変えて、味に変化をつけました。

いわしは開いたものを買ってくればラク
いわしのかば焼き

■材料(1人分)
- いわし(開いたもの) …… 2尾分
- サラダ油 …………… 大さじ½
- A
  - しょうゆ ………… 大さじ½
  - 砂糖 ……………… 小さじ1
- ●1人分411kcal

■作り方
1. いわしは尾を切り、縦半分に切る。Aは混ぜ合わせる。
2. フライパンにサラダ油を入れて中火で熱し、いわしの両面を焼く。
3. こんがりと焼けて火が通ったら、余分な脂をふき取り、Aを加えてからめる。

みそとマヨネーズでコクのある味つけ
小松菜とちくわのみそマヨあえ

■材料(1人分)
- 小松菜 …………… 50g(2株)
- ちくわ(小) ……………… 1本
- A
  - みそ ……………… 小さじ1
  - マヨネーズ ……… 大さじ½
  - みりん …………… 小さじ¼
- ●1人分82kcal

■作り方
1. 小松菜は熱湯で色よくゆでる。冷水にとり、水気を絞って3cm長さに切る。
2. ちくわは縦半分に切り、5mm幅の斜め切りにする。
3. Aを混ぜ合わせ、小松菜、ちくわをあえる。

きのこの香りと食感を楽しむおかず
しめじの塩炒め

■材料(1人分)
- しめじ ………… 60g(½パック)
- サラダ油 ……………… 小さじ1
- 塩 ………………………… 少々
- ●1人分48kcal

■作り方
1. しめじは石づきを切り、ほぐす。
2. フライパンにサラダ油を入れて中火で熱し、しめじを炒め、塩をふる。

詰め方手順
- ごはん
- カップを入れて小松菜とちくわのみそマヨあえ
- カップを入れてしめじの塩炒め
- いわしのかば焼き
- いわしの上に紅しょうが

finish！

えびチリ弁当

えびチリは、甘すぎず辛すぎず、ほどよい味にととのえました。サブおかずには厚揚げをプラスして、食べごたえにも配慮。みずみずしいきゅうりのあえもので、口をさっぱりさせてください。

プリプリのえびにたれをたっぷりからめて
えびチリ

■材料(1人分)

えび	4尾(80g)
片栗粉	小さじ2
サラダ油	大さじ1/2
長ねぎ(みじん切り)	5cm分
しょうが(みじん切り)	小さじ1
A ┌ トマトケチャップ	大さじ2
├ 豆板醤	少々
├ オイスターソース	小さじ1/2
└ 水	大さじ2

●1人分190kcal

■作り方

1 Aは混ぜ合わせる。えびは背わたを取り、尾と殻をひと節残してむき、背に切り込みを入れる。水気をふき、片栗粉をまぶす。

2 フライパンにサラダ油を入れて中火で熱し、えびを炒める。

3 えびの色が変わったら長ねぎ、しょうがを加えて炒め、Aを加えてからめる。

ごま油としょうゆで香ばしく炒めて
チンゲン菜と厚揚げの炒めもの

■材料(1人分)

チンゲン菜	80g(1株)
厚揚げ	50g(1/3枚)
ごま油	小さじ1/2
しょうゆ	小さじ1

●1人分105kcal

■作り方

1 チンゲン菜は食べやすい大きさに切る。

2 厚揚げは熱湯でさっとゆでて油抜きをし、ひと口大に切る。

3 フライパンにごま油を入れて中火で熱し、厚揚げを炒める。油が回ったらチンゲン菜を加えて炒め、しんなりしたらしょうゆを加えて炒める。

ごま油と塩のベストコンビで味つけ
たたききゅうりのごま油あえ

■材料(1人分)

きゅうり	80g(1本)
塩、こしょう	各少々
ごま油	小さじ1/4
酢	小さじ1/2

●1人分21kcal

■作り方

1 きゅうりは皮を縞目にむき、すりこぎでたたいて割れ目を入れる。手でひと口大に割りほぐす。

2 塩、こしょうをふってごま油であえ、酢を混ぜる。

詰め方手順

- ごはん
- チンゲン菜と厚揚げの炒めもの
- カップを入れてえびチリ
- すき間にたたききゅうりのごま油あえ
- ごはんにごま

finish!

クリームチーズで
かぼちゃがまとまり、
箸でも
はさみやすい

ごはん

サブおかず 1
パプリカとアスパラの
しょうゆ炒め

水の出る
心配のない
炒めものなので、
間に詰めても
大丈夫

サブおかず 2
かぼちゃと
クリームチーズの
サラダ

ごはんを
真ん中に詰めると、
おかずを区切れて
味が混ざらない

メインおかず
あじの梅じそ
はさみ揚げ

• total **758**kcal •

あじの梅じそはさみ揚げ弁当

はさみ揚げはボリュームがあるので、満足度の高いおかずです。メインとサブのおかずをいっしょに詰め合わせるアイデアは、ぜひお試しを。動きがついて、見た目も豪華になります。

相性抜群の梅と青じそを巻いて
あじの梅じそはさみ揚げ

■ 材料(1人分)

あじ(三枚おろしにしたもの) ……… 1尾分(120g)
しょうゆ、酒 ……… 各小さじ½
青じそ ……… 2枚
梅肉 ……… 小さじ½
天ぷら粉 ……… 30g(大さじ3½)
水 ……… 大さじ3
揚げ油 ……… 適量

● 1人分359kcal

■ 作り方

1 あじにしょうゆ、酒をからめる。
2 あじに青じそをのせて梅肉をぬり、巻いて楊枝でとめる(**a**)。
3 天ぷら粉に材料の水を加え、なめらかになるまで混ぜる。
4 揚げ油を170〜180℃に熱し、あじに3の衣をつけてカラリと揚げる。

a 皮目を下、尾を手前にしておき、手前から巻いたら、楊枝を刺して固定する。

素材の味をいかしてシンプルに
パプリカとアスパラのしょうゆ炒め

■ 材料(1人分)

グリーンアスパラガス ……… 40g(1½本)
パプリカ(赤) ……… 30g(⅙個)
オリーブ油 ……… 小さじ½
しょうゆ ……… 小さじ1

● 1人分40kcal

■ 作り方

1 アスパラは根元のかたい部分を折り、根元のほうの皮を薄くむき、4cm長さに切る。パプリカも同じくらいの大きさに切る。
2 フライパンにオリーブ油を入れて中火で熱し、アスパラとパプリカを炒める。
3 油がなじんでアスパラがやわらかくなったら、しょうゆを加えて炒める。

チーズのコクと酸味がかぼちゃとマッチ
かぼちゃとクリームチーズのサラダ

■ 材料(1人分)

かぼちゃ ……… 40g
クリームチーズ ……… 20g(個包装のもの1個)
塩、こしょう ……… 各少々

● 1人分107kcal

■ 作り方

1 かぼちゃはラップで包み、電子レンジで1分〜1分30秒加熱する。
2 フォークでつぶし、クリームチーズ、塩、こしょうを混ぜる。

詰め方手順

● カップを入れてごはん
● あじの梅じそはさみ揚げ
● すき間にパプリカとアスパラのしょうゆ炒め
● カップを入れてかぼちゃとクリームチーズのサラダ

finish!

ごはん

うぐいす豆

サブおかず1
トマトとソーセージの
マヨサラダ

粉をまぶすと、
表面はカリッ。
中はふっくらで
しっとり

メインおかず
ぶりの
カレー
ムニエル

サラダ菜

さつまいもの
皮の紫色が、
彩りにひと役かう

サブおかず2
さつまいもの梅あえ

・total 721kcal・

ぶりのカレームニエル弁当

ムニエルとサラダにボリュームがあるので、これで十分。そこで、もう1品は箸休めとして、さつまいものおかずを添えました。3つのおかずは三種三様のおいしさで、いろいろな味が楽しめます。

冷めてもおいしいカレー味
ぶりのカレームニエル

■材料(1人分)

ぶり(切り身) ………… 1切れ(80g)
塩、こしょう ………… 各少々
カレー粉 ……………… 小さじ¼
薄力粉 ………………… 適量
サラダ油 ……………… 小さじ1
● 1人分252kcal

■作り方

1 ぶりは半分に切り、塩、こしょうをふる。カレー粉をまぶし、薄力粉を薄くはたきつける。

2 フライパンにサラダ油を入れて中火で熱し、ぶりの両面をこんがりと焼く。

トマトは種を取ると水気が出にくい
トマトとソーセージのマヨサラダ

■材料(1人分)

トマト ………………… 80g(½個)
ウインナソーセージ …… 1本
マヨネーズ …………… 大さじ1
● 1人分164kcal

■作り方

1 トマトは種を取ってひと口大に切り、ペーパータオルで水気をとる。

2 ソーセージは7～8mm幅に切り、熱湯でさっとゆで、ざるに上げて湯をきる。

3 トマト、ソーセージをマヨネーズであえる。

梅の酸味がさつまいもの甘みをいかす
さつまいもの梅あえ

■材料(1人分)

さつまいも …………… 30g(小⅕本)
塩、こしょう ………… 各少々
梅肉、酢 ……………… 各小さじ1
● 1人分53kcal

■作り方

1 さつまいもはひと口大に切り、鍋に入れて水を加え、中火にかける。

2 やわらかくなったら湯を捨て、塩、こしょうをふる。

3 梅肉を酢で溶きのばし、さつまいもをあえる。

詰め方手順

● ごはん

● カップを入れてサラダ菜を敷き、ぶりのカレームニエル

● カップを入れてトマトとソーセージのマヨサラダ

● カップを入れてさつまいもの梅あえ

● ごはんにうぐいす豆

▽
finish!

サブおかず2
エリンギのマリネ

ミニトマト

全体を見て赤が足りないので、ミニトマトを差し色にプラス

サブおかず1
ピーマンとじゃがいものみそ炒め

ふりかけ

ごはん

メインおかず
さわらのさっぱり漬け

甘みを入れず酢だけの味つけだから、あと味すっきり

・total 627kcal・

さわらのさっぱり漬け弁当

さわらのさっぱり漬けは、和と洋のどちらのお弁当にも合う便利なおかずです。
3つのおかずのすべてにさまざまな野菜を使っているから、自然と野菜がとれます。

熱々のうちに味つけするのがコツ
さわらのさっぱり漬け

■ 材料(1人分)

さわら(切り身)	1切れ(80g)
塩	少々
薄力粉	適量
揚げ油	適量
玉ねぎ	25g(⅛個)
にんじん	10g(1cm分)
酢	大さじ2

●1人分239kcal

■ 作り方

1 玉ねぎは薄切りにし、にんじんはせん切りにする。合わせてバットに広げ入れる。

2 さわらはひと口大に切って塩をふり、薄力粉を薄くはたきつける(a)。

3 揚げ油を170〜180℃に熱し、さわらを中火でカラリと揚げる。油をきり、すぐに1のバットに加え、酢をかけて混ぜる。

a 薄力粉をまぶすと味がからみやすい。ただし、たくさんつけると余分な油を吸ってベタつくので、余分な粉ははたいて落とす。

こっくりみそ味がごはんに合う
ピーマンとじゃがいものみそ炒め

■ 材料(1人分)

ピーマン	40g(2個)
じゃがいも	50g(⅓個)
ごま油	小さじ½
A [みそ、酒	各小さじ1

●1人分82kcal

■ 作り方

1 ピーマンはひと口大に切る。

2 じゃがいもは皮ごとラップで包み、電子レンジで2分加熱する。皮をむき、ひと口大に切る。Aは混ぜ合わせる。

3 フライパンにごま油を入れて中火で熱し、ピーマン、じゃがいもを炒める。

4 油が回ったらAを加え、炒め合わせる。

香ばしい焼き目も味のうち
エリンギのマリネ

■ 材料(1人分)

エリンギ	50g(½パック)
オリーブ油	小さじ1
酢	大さじ1
しょうゆ	小さじ1

●1人分54kcal

■ 作り方

1 エリンギは縦四つ割りにし、ひと口大に切る。

2 フライパンにオリーブ油を入れて中火で熱し、エリンギを炒める。

3 表面に焼き色がついたら取り出して、酢、しょうゆをからめる。

詰め方手順

● ごはん
● カップを入れてエリンギのマリネ
● さわらのさっぱり漬け
● カップを入れてピーマンとじゃがいものみそ炒め
● すき間にミニトマト
● ごはんにふりかけ
↓
finish!

かじきのパセリチーズ衣揚げ弁当

卵を加えた衣はふわっと軽やか。その衣をまとったかじきは、冷めても身がやわらかです。
塩気のある煮びたしと、酸味のあるサラダを合わせ、味のバランスもバッチリです。

魚のおかずのお弁当

ふんわり衣がやさしい味わい
かじきのパセリチーズ衣揚げ

■ 材料(1人分)
- かじき(切り身) ……… 1切れ(80g)
- A
  - 天ぷら粉 …… 20g(約大さじ2)
  - 粉チーズ ………… 大さじ1
  - パセリ(ドライ) …… 小さじ¼
  - 溶き卵 ……… 30g(約½個分)
- 揚げ油 ……………………… 適量

● 1人分340kcal

■ 作り方
1. かじきはひと口大に切る。
2. Aを合わせ、なめらかになるまで混ぜる。
3. 揚げ油を170~180℃に熱し、かじきに2の衣をつけて中火でカラリと揚げる。

じゃこのうまみだけでおいしく煮える
キャベツとじゃこの煮びたし

■ 材料(1人分)
- キャベツ ………… 50g(1枚)
- ちりめんじゃこ ……………… 3g
- ごま油 ………………… 小さじ½
- 湯 …………………… 大さじ2
- しょうゆ ……………… 小さじ½

● 1人分38kcal

■ 作り方
1. キャベツはひと口大に切る。
2. 鍋にごま油、ちりめんじゃこを入れて中火で熱し、こんがりとしたら材料の湯、しょうゆを加える。
3. キャベツを加え、混ぜながらしんなりするまで煮る。

どんなおかずとも合う便利な1品
にんじんサラダ

■ 材料(1人分)
- にんじん ……………… 30g(⅕本)
- 塩、こしょう ………… 各少々
- フレンチドレッシング
  (市販。またはp54) …… 大さじ½

● 1人分43kcal

■ 作り方
1. にんじんは3cm長さ、3~4mm角の細切りにする。
2. 熱湯で1分ゆで、ざるに上げて湯をきる。熱いうちに塩、こしょうをふり、冷ます。
3. あら熱がとれたら、ドレッシングであえる。

詰め方手順

- ごはん
- カップを入れてかじきのパセリチーズ衣揚げ
- カップを入れてキャベツとじゃこの煮びたし
- カップを入れてにんじんサラダ
- ごはんにたくあん

↓
finish!

ごはん

高菜漬け自体に味がついているから調味料が少なくてすむ

サブおかず2
パプリカの炒め漬け

サブおかず1
チンゲン菜とハムのからしあえ

金時豆の甘煮

メインおかず
たらの高菜煮

甘みがほしいときに便利。冷蔵庫にあると重宝する

• total 396kcal •

たらの高菜煮弁当

たらの高菜煮は、刻んで味のついている高菜の漬けもので作るから簡単。
あとは、緑と赤のおかずを組み合わせれば、自然と野菜がとれて、栄養バランスもととのいます。

魚のおかずのお弁当

たらの淡白さに味の濃い高菜漬けが合う
たらの高菜煮

■材料(1人分)
生だら(切り身) ……… 1切れ(80g)
A ┃ だし汁 ……………… 50ml
　 ┃ しょうゆ、みりん
　 ┃ ……………… 各小さじ⅓
高菜漬け(刻んであるもの) …… 30g
●1人分73kcal

■作り方
1 たらはひと口大に切る。
2 鍋にAを入れて中火で煮立て、たらを加える。高菜漬けを広げてのせ、落としぶたをして中火で8～10分、汁気がほとんどなくなるまで煮る。

シャキシャキ食感がいい感じ
チンゲン菜とハムのからしあえ

■材料(1人分)
チンゲン菜 …………… 60g(½株)
ハム ……………………… 1枚
A ┃ 練りからし ……… 小さじ¼
　 ┃ しょうゆ ………… 小さじ½
　 ┃ みりん …………… 小さじ⅓
●1人分37kcal

■作り方
1 チンゲン菜は熱湯で色よくゆでる。冷水にとり、水気を絞って食べやすい大きさに切る。
2 ハムは短冊切りにする。
3 Aを混ぜ合わせ、チンゲン菜、ハムをあえる。

油のコクを加えたピクルス風おかず
パプリカの炒め漬け

■材料(1人分)
パプリカ(赤) ………… 40g(¼個)
オリーブ油 ……………… 小さじ½
塩 ………………………… 少々
酢 ………………………… 大さじ1
●1人分34kcal

■作り方
1 パプリカは7～8mm幅に切る。
2 フライパンにオリーブ油を入れて中火で熱し、パプリカをさっと炒め、塩をふる。取り出して、酢をからめる。

詰め方手順

● ごはん
● カップを入れてたらの高菜煮
● カップを入れてチンゲン菜とハムのからしあえ
● すき間にパプリカの炒め漬け
● ごはんの上に金時豆の甘煮
↓
finish!

101

身近な魚介で作れる
魚のおかず

魚のおかずを作りたいと思っても、何にすればいいか迷うもの。そこで、そんなときに役立つ魚のおかずを、手に入りやすさと扱いやすさを十分に考えたラインナップで紹介します。

かすかな酸味でコクのある味わい

大根おろしで鮭がしっとり、味わいさっぱり

鮭で
鮭のマスタードマヨ焼き

■ 材料(1人分)
- 生鮭(切り身)‥1切れ(80g)
- しょうゆ ……… 小さじ1
- みりん ……… 小さじ1/2
- A
  - フレンチマスタード ……… 大さじ1
  - マヨネーズ ……… 小さじ1
- ●1人分177kcal

■ 作り方
1. 鮭は半分に切り、しょうゆとみりんをからめる。
2. 鮭の汁気をふき、オーブントースターで7〜8分焼く。
3. Aを混ぜ合わせて2にぬり、さらに2〜3分焼く。

鮭で
鮭のおろし煮

■ 材料(1人分)
- 生鮭(切り身)‥1切れ(80g)
- 大根 ……………… 50g
- A
  - 湯 ……… 大さじ3
  - 酒 ……… 大さじ1
  - しょうゆ …… 小さじ1
  - みりん …… 小さじ1/2
- ●1人分143kcal

■ 作り方
1. 鮭は半分に切る。大根はすりおろして汁気をきる。
2. 鍋にAを入れて中火で煮立てる。鮭を加えて落としぶたをして、8〜10分煮る。
3. ほとんど汁気がなくなったら、大根おろしを加えてからめ、ひと煮立ちさせる。

 作り方のadvice

汁気の多いおろし煮では、お弁当には向かないので、大根おろしは汁気をきり、煮汁を飛ばしたところに加えます。しょうゆでしっかり味をつければお弁当にもOKです。

鮭のおかずが4つ！

甘塩鮭でもOKですが、味は調整してください。

甘さ控えめの
さっぱりみそ味

香りがよく、チーズの
塩気がきいた特製パン粉

鮭で
鮭のチャンチャン焼き

■材料(1人分)
生鮭(切り身)‥1切れ(80g)
玉ねぎ ……… 25g(⅛個)
キャベツ …… 30g(½枚)
サラダ油 ……… 小さじ1
A [みそ、酒
　　　……… 各小さじ1
　　砂糖 ……… 小さじ½]
●1人分182kcal

■作り方
1 鮭はひと口大に切る。玉ねぎは5mm幅の薄切りにし、キャベツはひと口大に切る。Aは混ぜ合わせる。
2 フライパンにサラダ油を入れて中火で熱し、鮭を炒める。両面に焼き色がついたら玉ねぎとキャベツを加えて炒める。
3 野菜がしんなりしたらAを加え、炒め合わせる。

鮭で
鮭の香草パン粉焼き

■材料(1人分)
生鮭(切り身)‥1切れ(80g)
塩、こしょう …… 各少々
パン粉 ………… 大さじ2
白ワイン ……… 小さじ1
A [粉チーズ …… 小さじ1
　　タイム(ドライ)‥少々
　　バジル(ドライ)
　　　………… 小さじ½]
サラダ油 ……… 大さじ½
●1人分200kcal

■作り方
1 鮭はひと口大に切り、塩、こしょうをふる。
2 パン粉に白ワインをふりかけて混ぜ、Aを加えて混ぜ合わせる。
3 鮭に2をまぶす。
4 フライパンにサラダ油を入れて中火で熱し、鮭の両面をこんがりと焼く。

 作り方のadvice

パン粉に白ワインをふると、しっとりして生パン粉のような状態になり、焼いたときにサクサクに仕上がります。水でもよいですが、ワインなら風味もよくなります。

魚のおかずのお弁当

魚のおかず・鮭

ピーナツバターで風味とコクがアップ

甘酸っぱい味つけがさばによく合う

さばで
さばのピーナツバターみそ煮

■材料(1人分)
さば(切り身) … 1切れ(80g)
A［酒、ピーナツバター
　　……… 各大さじ1
　水……… 大さじ3
　砂糖、みそ
　　……… 各小さじ1］
●1人分346kcal

■作り方
1 さばは2～3cm幅に切る。
2 鍋にAを入れて中火で煮立て、さばを加える。落としぶたをし、ほとんど汁気がなくなるまで7～8分煮る。

さばで
さばのケチャップあんかけ

■材料(1人分)
さば(切り身) … 1切れ(80g)
塩、こしょう …… 各少々
薄力粉 ……………… 適量
玉ねぎ ……… 30g(½個)
オリーブ油 …… 小さじ1
A［トマトケチャップ
　　……… 大さじ2
　酢 ……… 大さじ1
　しょうゆ … 小さじ½
　水 ……… 大さじ2
　片栗粉 …… 小さじ¼］
●1人分297kcal

■作り方
1 玉ねぎは5mm幅の薄切りにする。さばは皮目に切り込みを入れて2～3cm幅に切る。塩、こしょうをふり、薄力粉をはたきつける。Aは混ぜ合わせる。
2 フライパンにオリーブ油を入れて中火で熱し、さばの両面を焼く。軽く焼き色がついたら玉ねぎを加え、炒める。
3 玉ねぎがしんなりしたらAをもう一度混ぜて加え、混ぜながら煮立て、とろみをつける。

さばのおかずが2つ！

生のトマトを使った
ソースがみずみずしい

冷めても身が
しっとりやわらか

魚のおかずのお弁当

魚のおかず・さば／かじき

かじきで
かじきのトマト蒸し煮

■材料(1人分)
かじき(切り身)
　……………1切れ(80g)
塩、こしょう……各少々
オリーブ油………小さじ1
トマト…………50g(1/3個)
白ワイン………大さじ1
●1人分180kcal

■作り方
1 トマトは1cm角に切る。かじきに塩、こしょうをふる。
2 フライパンにオリーブ油を入れて中火で熱し、かじきの両面を焼く。
3 表面の色が変わったらトマトを加え、白ワインをふり、ふたをして7〜8分蒸し煮にする。

かじきで
かじきのごまみそ焼き

■材料(1人分)
かじき(切り身)
　……………1切れ(80g)
A ┌ 白すりごま
　│　………小さじ2
　│ みそ……大さじ1/2
　└ 砂糖………小さじ1
●1人分187kcal

■作り方
1 かじきは食べやすい大きさに切り、グリルに並べ、中火で5〜6分焼く。
2 Aを混ぜ合わせ、かじきにぬり、さらに2〜3分、こんがりするまで焼く。

 アレンジのadvice
ここでは、ごまみそをかじきにぬって焼きましたが、鮭やさわらにも合います。また、鶏もも肉、鶏むね肉、鶏ささみにぬってもおいしいです。

かじきの
おかずが2つ！

前日に漬けてもOK。朝は焼くだけでラク

ごまのプチプチが香ばしい！

さわらで
さわらのバーベキューソース焼き

■ 材料(1人分)
さわら(切り身)
　……… 1切れ(80g)
玉ねぎ(みじん切り)
　……… 大さじ1½
A［トマトケチャップ、ウスターソース、しょうゆ、赤ワイン……各小さじ½
　　こしょう……少々］
●1人分159kcal

■ 作り方
1 さわらはひと口大に切る。
2 玉ねぎとAを混ぜ合わせ、さわらにからめて、20分おく。
3 グリルにのせ、中火で7〜8分、こんがりと焼く。

さわらで
さわらのごま衣焼き

■ 材料(1人分)
さわら(切り身)
　……… 1切れ(80g)
しょうゆ……… 小さじ½
薄力粉、溶き卵 … 各適量
白いりごま … 大さじ2〜3
サラダ油……… 小さじ1
●1人分323kcal

■ 作り方
1 さわらは大きめのひと口大に切り、しょうゆをからめる。
2 薄力粉、溶き卵、ごまの順に衣をつける。
3 フライパンにサラダ油を入れて中火で熱し、さわらの両面をこんがりと焼く。

> 作り方のadvice
> ごまの衣のつけ方は、ごまを広げたバットにさわらをのせて上からもごまをふり、両面につけます。何度も返すとはがれてくるので、あまりさわらないのがコツです。

さわらのおかずが2つ！

片栗粉をまぶすとマヨネーズがよくからむ

ふわっとした衣の中にはプリプリのえび！

魚のおかずのお弁当　魚のおかず・さわら／えび

えびで
えびマヨ炒め

■ 材料(1人分)
- えび……………4尾(80g)
- 塩、こしょう……各少々
- 片栗粉…………小さじ1
- サラダ油………大さじ½
- マヨネーズ……大さじ1

●1人分223kcal

■ 作り方
1. えびは背わたを取り、尾と殻をひと節残してむき、背に切り込みを入れる。水気をふき、塩、こしょうをふり、片栗粉をまぶす。
2. フライパンにサラダ油を入れて中火で熱し、えびを炒める。色が変わったらマヨネーズを加え、さっと炒める。

えびのおかずが2つ！

えびで
えびのピカタ

■ 材料(1人分)
- えび……………4尾(80g)
- 塩、こしょう……各少々
- 薄力粉……………適量
- A [溶き卵……30g(約½個分) / 粉チーズ……大さじ1]
- サラダ油………大さじ½

●1人分209kcal

■ 作り方
1. えびは背わたを取り、尾と殻をひと節残してむき、背に切り込みを深く入れて開く。水気をふき、塩、こしょうをふり、薄力粉をはたきつける。
2. Aを混ぜ合わせる。
3. フライパンにサラダ油を入れて中火で熱し、えびに2をからめ、両面をこんがりと焼く。

 作り方のadvice

えびは背から深く切り込みを入れて開くと、表面積が大きくなり、衣がつきやすく、火の通りも早くなります。

ひと工夫、ひと手間で
見栄えアップのアイデア

お弁当の見た目がいいと食欲が増し、
手をかけてくれたことに対して、うれしい気持ちにもなるものです。
お弁当のふたを開けるのが楽しみになるアイデアをご紹介します。

アイデア1 型で抜く

たとえば……
たくあんをひよこ形の抜き型で抜く ▶p22

思わずにっこりのかわいさ！

にんじんを菊形の抜き型で抜く ▶p38

簡単なのに手をかけた印象に

アイデア2 ピックに刺す

たとえば……
金時豆の甘煮をピックに刺す ▶p44

赤い色が彩りの役目も果たす

こんにゃくをピックに刺す ▶p64

和風のピックで落ち着いた雰囲気

アイデア3 カップを敷く

たとえば……
じゃがいもを黄色のカップに入れる ▶p38

お弁当にない黄の色みをカップが担う！

大根を緑色のカップに入れる ▶p62

白一色でぼんやり……がパキッとする

かわいく細工する

たこさんウインナ
ウインナソーセージの片側に切り込みを4本入れ、炒める。ピーマンの輪切りではち巻きを、黒いりごまで目をつける。

かにさんウインナ
ウインナソーセージを縦半分に切り、図のように切り込みを入れて炒め、ピックを刺す。

ハートの卵焼き
卵焼き1切れを斜め半分に切り、片方を裏返し、断面を合わせてハート形にする。

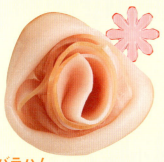

バラハム
ハム1枚を半分に切る。縁を上にして、ひだを取りながら巻き、もう1枚は少しずらして巻く。ピックでとめる。

お花卵

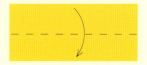

1 卵焼き器で薄焼き卵を焼き、長さ15cm×幅5cmの長方形に切って幅を半分に折る。

2 図のように切り込みを入れる。端から巻いてピックでとめる。

くるくるハム&チーズ
ラップにハム、チーズの順に重ね、しばらくおいてなじませる。端からきつめに巻き、好みの長さに切る。

マッシュかぼちゃねずみ
1 つぶしたかぼちゃに塩、こしょう（または砂糖）を混ぜ、牛乳でかたさを調整する（マッシュポテトくらい）。

2 2〜3cmの楕円に丸めて先を少しとがらせる。小さく切ったレーズンで鼻を、黒いりごまで目を、スライスアーモンドで耳をつける。

入れ替えにんじん&大根
にんじんと大根を同じ厚さに切り、好みの抜き型で抜く。それより小さな抜き型で中を抜き、入れ替えてはめ込む。

109

簡単！すぐできる！
白いごはんを見栄えよくするアイデア

お弁当はごはんの面積が大きいので、真っ白いとさみしい印象に。
簡単に解決できる方法は、トッピングをすること。
ごはんもおいしく食べられて、いいことずくめです！

のせる

焼きのりを市松模様にのせる

ほかにも
- 青じそ＋梅干し
- とろろ昆布
- スライスチーズ＋粗びき黒こしょう

添える

削り節と粗びき黒こしょうをふる

ほかにも
- 七味唐辛子
- パセリ（ドライ）
- ピーナツ、くるみ

ふりかける

昆布のつくだ煮とナッツを添える

ほかにも
- たくあん
- 紅しょうが
- 煮豆

選びやすくて便利

サブおかず集

この本でいうサブおかずとは野菜のおかずのこと。
野菜のおかずは、お弁当に彩りを添えるだけでなく、
栄養バランスをととのえてくれる欠かせない存在です。
その場でパッと作れる簡単おかずから
作っておくと重宝する常備菜までをご紹介。
メインおかずとのバランスを考えながら選んでください。

> サブおかず1として活用しよう!

野菜+たんぱく質の ボリュームのあるサブおかず

メインのおかずがさっぱりしていたり、ボリュームに欠けていたりするときは、サブとなる野菜のおかずにたんぱく質食材を足すとよいでしょう。野菜だけではもの足りないときにもお役立てください。

シャキシャキ食感がおいしい!

+ ハム
さやえんどうとエリンギの塩炒め

■材料(1人分)
さやえんどう …………… 40g(20枚)
エリンギ ………… 30g(⅓パック)
ハム ………………… 1枚
サラダ油 ……… 小さじ1
塩、こしょう …… 各少々
●1人分78kcal

■作り方
1 さやえんどうは筋を取って斜め半分に切る。エリンギは長さを半分に切り、縦半分に切ってから薄切りにする。ハムは1cm四方に切る。
2 フライパンにサラダ油を入れて中火で熱し、エリンギ、さやえんどう、ハムの順にさっと炒め、塩、こしょうをふる。

ピリッと辛みをきかせて

+ ハム
キャベツの豆板醤マヨ炒め

■材料(1人分)
キャベツ ……… 50g(1枚)
ハム ………………… 1枚
サラダ油 ……… 小さじ1
豆板醤 …………… 少々
マヨネーズ …… 大さじ1
●1人分153kcal

■作り方
1 キャベツは小さめのひと口大に切る。ハムは短冊切りにする。
2 フライパンにサラダ油を入れて中火で熱し、キャベツを炒める。しんなりしたら、ハム、豆板醤を加えてさっと炒める。
3 マヨネーズを加えて火を止め、混ぜ合わせる。

＋ ベーコン
玉ねぎの煮びたし

■材料(1人分)
玉ねぎ ……… 50g(¼個)
ベーコン ……… 1枚(15g)
A［ だし汁 ……… 50㎖
　　塩、しょうゆ
　　　　　 ……… 各少々 ］
●1人分81kcal

■作り方
1 玉ねぎは薄切りにし、ベーコンは細切りにする。
2 鍋にAを入れて中火で煮立て、1を加える。混ぜながら、しんなりするまで煮る。

ベーコンでうまみとコクをプラス

サブおかず集
ボリュームサブおかず

＋ ベーコン
小松菜の炒め煮

■材料(1人分)
小松菜 ……… 50g(2株)
ベーコン ……… 1枚(15g)
サラダ油 ……… 小さじ½
A［ 湯 ……… 大さじ2
　　しょうゆ … 小さじ½
　　みりん …… 小さじ¼ ］
●1人分92kcal

■作り方
1 小松菜は3～4㎝長さに切る。ベーコンは1㎝幅に切る。
2 フライパンにサラダ油を入れて中火で熱し、ベーコン、小松菜の順に炒める。
3 しんなりしたらAを加え、汁気がなくなるまで煮る。

アクの少ない小松菜は下ゆでなしでOK

＋ 豚こま切れ肉
チンゲン菜としいたけの炒めもの

■材料(1人分)
チンゲン菜 …… 60g(½株)
しいたけ ……… 20g(1枚)
豚こま切れ肉 ……… 30g
ごま油 ………… 小さじ1
塩 ………………… 少々
●1人分122kcal

■作り方
1 チンゲン菜は食べやすい大きさに切る。しいたけは軸を切り、薄切りにする。
2 フライパンにごま油を入れて中火で熱し、豚肉を炒める。
3 こんがりしたら1を加えて炒め、しんなりしたら塩をふる。

冷蔵庫にちょこっと残った豚こまが活用できる

好みのハーブで
アレンジOK！

＋ ソーセージ

いんげんのハーブドレッシングあえ

■材料(1人分)
さやいんげん‥40g(6本)
ウインナソーセージ
　‥‥‥‥‥‥‥‥1本
A［フレンチドレッシング
　　（市販。またはp54）
　　‥‥‥‥‥大さじ1
　　オレガノ（ドライ）
　　‥‥‥‥‥小さじ½］
●1人分134kcal

■作り方
1　いんげんは斜め細切りにする。ソーセージは縦半分に切って斜め細切りにする。
2　熱湯で1を30〜40秒ゆで、ざるに上げて湯をきり、あら熱をとる。
3　Aを混ぜ合わせ、2をあえる。

栄養豊富な
ほうれん草もプラス

＋ ソーセージ

ほうれん草入りポテトサラダ

■材料(1人分)
じゃがいも‥‥50g(⅓個)
ほうれん草‥30g(約1株)
ウインナソーセージ
　‥‥‥‥‥‥‥‥1本
A［マヨネーズ
　　‥‥‥‥‥大さじ1
　　こしょう‥‥‥少々］
●1人分194kcal

■作り方
1　じゃがいもは1cm角、ソーセージは7〜8mm角に切る。
2　じゃがいもをゆで、やわらかくなったらソーセージを加えてさっとゆで、いっしょに湯をきる。じゃがいもをつぶす。
3　ほうれん草は熱湯でゆでて1cm幅に切る。
4　2、3をAであえる。

さっと湯通しして
食感を残して

＋ ツナ

にんじんの和風サラダ

■材料(1人分)
にんじん‥‥‥40g(¼本)
ツナ（オイル漬け缶詰）
　‥‥‥‥‥30g(小½缶)
A［しょうゆ‥小さじ½
　　酢‥‥‥‥‥小さじ1
　　ごま油‥‥‥小さじ½］
●1人分118kcal

■作り方
1　にんじんは細切りにし、熱湯でさっとゆで、ざるに上げて湯をきる。
2　ツナは大きめにほぐす。
3　Aを混ぜ合わせ、にんじん、ツナをあえる。

+ 豆腐

ブロッコリーの塩炒め

■材料(1人分)
ブロッコリー‥50g(3房)
木綿豆腐‥‥‥50g(⅙丁)
サラダ油‥‥‥小さじ½
塩‥‥‥‥‥‥少々
●1人分71kcal

■作り方
1 ブロッコリーは小さく分ける。
2 フライパンにサラダ油を入れて中火で熱し、ブロッコリーを炒める。
3 豆腐を手で大きめにくずして加えて炒める。焼き色がついたら、塩で味をととのえる。

塩だけで味つけのシンプルおかず

+ 油揚げ

ピーマンの煮びたし

■材料(1人分)
ピーマン‥‥‥40g(2個)
油揚げ‥‥‥‥¼枚
A[だし汁‥‥‥50ml
    塩‥‥‥‥‥少々
    しょうゆ‥小さじ¼
    みりん‥‥小さじ⅓]
●1人分36kcal

■作り方
1 ピーマンは縦半分に切り、1cm幅の斜め切りにする。油揚げはひと口大に切り、熱湯でさっとゆでて油抜きをする。
2 鍋にAを入れて中火で煮立て、油揚げを入れ、2～3分煮る。ピーマンを加え、混ぜながらしんなりするまで煮る。

ピーマンがたくさん食べられる

+ 油揚げ

アスパラのしょうゆ炒め

■材料(1人分)
グリーンアスパラガス
‥‥‥‥‥‥50g(2本)
油揚げ‥‥‥‥¼枚
ごま油‥‥‥‥小さじ½
しょうゆ‥‥‥小さじ1
●1人分54kcal

■作り方
1 アスパラは3～4cm長さに切り、太い部分は縦半分に切る。
2 油揚げは細切りにし、熱湯でさっとゆでて油抜きをする。
3 フライパンにごま油を入れて中火で熱し、1、2を炒め、色鮮やかになったらしょうゆをからめる。

油揚げに味がしみていておいしい！

冷めてもおいしい甘みそ味

+ 厚揚げ

玉ねぎのみそ炒め

■材料(1人分)
玉ねぎ………50g(¼個)
厚揚げ………50g(⅓枚)
ごま油………小さじ½
A［みそ、酒………各小さじ1
　　砂糖………小さじ½］
●1人分135kcal

■作り方
1 玉ねぎは5mm幅のくし形切りにする。厚揚げは熱湯でさっとゆでて油抜きをし、1cm幅に切る。
2 Aは混ぜ合わせる。
3 フライパンにごま油を入れて中火で熱し、1を炒める。玉ねぎがすき通ったらAを加え、炒める。

身近な食材で作れる和風おかず

+ さつま揚げ

小松菜の煮びたし

■材料(1人分)
小松菜………50g(2株)
さつま揚げ…30g(½枚)
A［だし汁………80ml
　　しょうゆ…小さじ⅓
　　みりん………小さじ¼］
●1人分55kcal

■作り方
1 小松菜は3～4cm長さに切る。さつま揚げは5mm幅の薄切りにする。
2 鍋にAを入れて中火で煮立てる。1を加え、混ぜながらしんなりするまで煮る。

甘酢がよくしみている

+ さつま揚げ

きゅうりの酢のもの

■材料(1人分)
きゅうり………40g(½本)
塩………少々
さつま揚げ…30g(½枚)
A［酢………小さじ2
　　塩………少々
　　砂糖………小さじ½］
●1人分56kcal

■作り方
1 きゅうりは皮を縞目にむき、縦四つ割りにして横1cm幅に切る。塩をふってもみ、しんなりしたら水洗いして水気を絞る。
2 さつま揚げは1cm角に切り、熱湯でさっとゆでる。
3 Aを混ぜ合わせ、1と2をあえる。

+ ちくわ

大根のからし酢あえ

■ 材料(1人分)
大根 ……………… 60g
塩 ………………… 少々
ちくわ(小) ………… 1本
A [練りからし、砂糖
　　　…… 各小さじ½
　　酢 ……… 小さじ2
　　塩 ………… 少々]
● 1人分47kcal

■ 作り方
1 大根は細切りにし、塩をふってもみ、しんなりしたら水洗いして水気を絞る。ちくわは縦半分に切って斜め細切りにする。
2 Aを混ぜ合わせ、1をあえる。

大根のポリポリ食感がおいしい

+ ちくわ

にんじんのごまあえ

■ 材料(1人分)
にんじん ……… 50g(⅓本)
ちくわ(小) ………… 1本
A [白すりごま
　　　……… 小さじ2
　　塩 ………… 少々
　　砂糖 …… 小さじ¼]
● 1人分77kcal

■ 作り方
1 にんじんは1cm角に切る。ちくわは縦四つ割りにし、横1cm幅に切る。
2 にんじんは熱湯でゆでる。やわらかくなったら、ちくわを加えてさっとゆで、いっしょにざるに上げて湯をきる。
3 Aを混ぜ合わせ、2をあえる。

たっぷりまぶしたごまが香ばしい

+ かに風味かまぼこ

かぶのしょうが酢あえ

■ 材料(1人分)
かぶ ……… 50g(小1個)
塩 ………………… 少々
かに風味かまぼこ … 2本
A [酢 ……… 小さじ2
　　塩 ………… 少々
　　砂糖 …… 小さじ½
　　しょうが汁
　　　……… 小さじ½]
● 1人分38kcal

■ 作り方
1 かぶは薄い輪切りにする。塩をふってもみ、しんなりしたら水洗いして水気を絞る。かに風味かまぼこは1cm幅に切る。
2 Aを混ぜ合わせ、1をあえる。

しょうがの風味でさっぱり

サブおかず集　ボリュームサブおかず

いんげんは下ゆでなしでOK！

+ 卵

いんげん入り卵焼き

■材料(1人分)
さやいんげん‥20g(3本)
卵‥‥‥‥‥‥‥‥1個
A [塩、しょうゆ、
    みりん‥‥各少々
サラダ油‥‥‥‥小さじ1
●1人分91kcal

■作り方
1 いんげんは、小口切りにする。
2 卵を溶きほぐしAといんげんを加えて混ぜる。
3 卵焼き器にサラダ油を入れて中火で熱し、2を2～3回に分けて流し入れて巻き、焼きあげる。

中国料理店でおなじみの1品

+ 卵

トマトの卵炒め

■材料(1人分)
トマト‥‥‥‥50g(1/3個)
卵‥‥‥‥‥‥‥‥1個
サラダ油‥‥‥‥小さじ1
A [オイスターソース
    ‥‥‥‥小さじ1/2
    こしょう‥‥‥少々
●1人分134kcal

■作り方
1 トマトは種を取り、1cm角に切る。卵は溶きほぐす。
2 フライパンにサラダ油を入れて中火で熱し、トマトを炒める。水気が飛んだら溶き卵を流し入れ、大きく混ぜながら火を通す。
3 Aを加えてざっと混ぜる。

たらこの塩気と三つ葉の香りが卵とマッチ

+ 卵

三つ葉とたらこのいり卵

■材料(1人分)
たらこ‥‥‥‥‥‥15g
三つ葉‥‥‥‥20g(1/2束)
卵‥‥‥‥‥‥‥‥1個
塩‥‥‥‥‥‥‥‥少々
●1人分108kcal

■作り方
1 たらこは薄皮を取り除く。三つ葉は細かく切る。
2 卵を溶きほぐし、1と塩を加えて混ぜる。
3 鍋に2を入れて中火にかけ、かき混ぜながら火を通す。

+ 卵

もやしの卵とじ

■ 材料(1人分)
もやし ……………… 30g
卵 …………………… 1個
サラダ油 ……… 小さじ½
A ┌ 湯 ………… 大さじ2
  │ 塩、砂糖、こしょう
  └ ………………… 各少々
● 1人分109kcal

■ 作り方
1 フライパンにサラダ油を入れて中火で熱し、もやしをさっと炒め、Aを加えて1〜2分煮る。
2 卵を溶きほぐして流し入れ、火を通す。

シャキシャキもやしを卵でふわっとまとめて

+ 卵

ブロッコリーと卵のサラダ

■ 材料(1人分)
ブロッコリー
………………… 30g(2房)
ゆで卵 ……………… 1個
A ┌ フレンチドレッシング
  │ （市販。またはp54）
  │ ………… 大さじ1
  │ 粒マスタード
  └ ………… 大さじ½
● 1人分170kcal

■ 作り方
1 ブロッコリーは小さく分ける。熱湯で色よくゆで、ざるに上げて湯をきる。
2 ゆで卵はひと口大に割る。
3 Aを混ぜ合わせ、ブロッコリー、ゆで卵をあえる。

ごろっと食べごたえ満点！

+ 卵

にんじん入りぺったんこオムレツ

■ 材料(1人分)
にんじん …… 20g(2cm分)
卵 …………………… 1個
塩 …………………… 少々
サラダ油 ……… 小さじ1
● 1人分128kcal

■ 作り方
1 にんじんはせん切りにする。卵は溶きほぐし、塩を加えて混ぜる。
2 フライパンにサラダ油を入れて中火で熱し、にんじんを炒める。しんなりしたら溶き卵を流し入れ、全体に広げる。
3 片面が焼けたらひっくり返し、両面をこんがり焼く。

にんじんの甘みがやさしい味わい

サブおかず2 として活用しよう！

野菜は「半調理」しておくと超便利

半調理とは、洗う、切る、ゆでるなど、途中まで調理をすること。
野菜は、こうした作業が意外と大変で、時間もかかります。
それなら、それをすませておこう！というのがここでのご提案です。

野菜 → 切る / 蒸す・ゆでる

事前準備はここまで

さっとゆでてあえるだけ！ ／ あえるだけ！ ／ さっと煮るだけ！
さっと炒めるだけ！ ／ 炒めるだけ！ ／ つぶすだけ！

朝の作業はここからスタート！

だから、こんなに便利

- すぐに使える
- 時短になる
- 調理がラク
- アレンジがラク

 ゆで**青菜**を使って

半調理の方法
小松菜（または、ほうれん草）を熱湯で色よくゆでる。冷水にとり、水気を絞って3cm長さに切る。
保存 冷蔵庫で3〜4日

サブおかず集　野菜のおかず

青菜のからしあえ

■ 材料(1人分)
ゆで小松菜 … 50g(2株分)
練りからし、しょうゆ
　………… 各小さじ1
砂糖 ………… 小さじ½
● 1人分36kcal

■ 作り方
練りからし、しょうゆ、砂糖を混ぜ合わせ、小松菜をあえる。

この野菜でも　アスパラ、キャベツ、さやいんげん、チンゲン菜

あえるだけの超特急おかず

青菜のツナマヨあえ

■ 材料(1人分)
ゆで小松菜 … 50g(2株分)
ツナ(オイル漬け缶詰)
　………… 20g(小¼缶)
マヨネーズ …… 大さじ1
こしょう ………… 少々
● 1人分146kcal

■ 作り方
ツナ、マヨネーズ、こしょうを混ぜ、小松菜をあえる。

この野菜でも　アスパラ、さやいんげん、にんじん、ピーマン

ツナとマヨネーズでコクがつく

青菜と桜えびの煮びたし

■ 材料(1人分)
ゆで小松菜 … 50g(2株分)
桜えび ………… 3g
A［だし汁 …… 50㎖
　　塩、しょうゆ、みりん
　　　……… 各少々］
● 1人分21kcal

■ 作り方
1　鍋に桜えびを入れてからいりし、香りが立ったらAを加える。
2　煮立ったら小松菜を加え、ひと煮立ちさせる。

この野菜でも　アスパラ、キャベツ、チンゲン菜、ピーマン

ゆでてあるから煮ものがあっという間

ゆでアスパラを使って

半調理の方法
アスパラは根元のかたい部分を折り、根元から5cmほど皮を薄くむき、4cm長さに切る。熱湯でさっとゆで、ざるに上げて湯をきる。
保存 冷蔵庫で3〜4日

削り節がしょうゆを吸ってよくからむ

アスパラのおかかじょうゆあえ

■材料(1人分)
ゆでアスパラ …………… 50g(2本分)
しょうゆ ……… 小さじ1
みりん ……… 小さじ½
削り節 ……………… 2g
●1人分31kcal

■作り方
アスパラをしょうゆとみりんであえ、削り節を混ぜる。

この野菜でも　青菜、キャベツ、さやいんげん、ピーマン

粗びき黒こしょうの辛さがアクセント

アスパラの黒こしょう炒め

■材料(1人分)
ゆでアスパラ …………… 50g(2本分)
サラダ油 ……… 小さじ½
塩、粗びき黒こしょう
　　………………… 各少々
●1人分31kcal

■作り方
フライパンにサラダ油を入れて中火で熱し、アスパラを炒める。油がなじんだら塩、粗びき黒こしょうをふる。

この野菜でも　キャベツ、さやいんげん、パプリカ、ピーマン

隠し味にしょうゆを少し入れて

アスパラの粒マスタードあえ

■材料(1人分)
ゆでアスパラ …………… 50g(2本分)
粒マスタード … 大さじ1
しょうゆ ……… 小さじ½
●1人分48kcal

■作り方
アスパラを、粒マスタードとしょうゆであえる。

この野菜でも　キャベツ、さやいんげん、じゃがいも、にんじん

ゆでキャベツを使って

半調理の方法
キャベツは2cm四方に切る。熱湯に入れ、再び煮立ったらざるに上げて湯をきる。
保存 冷蔵庫で3〜4日

サブおかず集 / 野菜のおかず

キャベツの中華風あえもの

■材料(1人分)
ゆでキャベツ……… 50g(1枚分)
オイスターソース………… 小さじ⅓
豆板醤………… 少々

■作り方
キャベツをオイスターソースと豆板醤であえる。

●1人分13kcal

この野菜でも さやいんげん、チンゲン菜、ピーマン、もやし

中華調味料であえるだけ

キャベツと桜えびの炒めもの

■材料(1人分)
ゆでキャベツ……… 50g(1枚分)
オリーブ油…… 小さじ1
桜えび……………… 3g
塩………………… 少々

■作り方
1 フライパンにオリーブ油、桜えびを入れて中火で熱し、桜えびがパリッとしたらキャベツを加えてさっと炒める。
2 塩で味をととのえる。

●1人分56kcal

この野菜でも 青菜、アスパラ、チンゲン菜、ピーマン

桜えびのうまみを利用したシンプル炒め

キャベツの酢みそあえ

■材料(1人分)
ゆでキャベツ……… 50g(1枚分)
みそ………… 大さじ½
砂糖、酢…… 各小さじ1

■作り方
みそ、砂糖、酢を混ぜ合わせ、キャベツをあえる。

●1人分40kcal

この野菜でも アスパラ、さやいんげん、にんじん、ピーマン

酢みそでキャベツの甘みが引き立つ

ゆでさやいんげんを使って

半調理の方法
さやいんげんは3cm長さに切る。熱湯で1～2分ゆで、ざるに上げて湯をきる。
保存 冷蔵庫で4～5日

みそを加えることで和風の味わいに

いんげんのみそマヨあえ

■**材料(1人分)**
ゆでさやいんげん
　　　………… 50g(7本分)
みそ ………… 小さじ1
マヨネーズ …… 大さじ1
●1人分109kcal

■**作り方**
みそとマヨネーズを混ぜ合わせ、いんげんをあえる。

この野菜でも アスパラ、キャベツ、にんじん、ブロッコリー

じゃこの塩気がいい働き！

いんげんのじゃこ炒め

■**材料(1人分)**
ゆでさやいんげん
　　　………… 50g(7本分)
ちりめんじゃこ …… 3g
ごま油 ………… 小さじ1
塩 ……………… 少々
湯 ……………… 大さじ2
●1人分53kcal

■**作り方**
1　フライパンにごま油、ちりめんじゃこを入れて中火で熱し、カリッとしたらいんげんを加えて、炒める。
2　油が全体に回ったら塩と材料の湯を加え、汁気が飛ぶまで炒める。

この野菜でも 青菜、アスパラ

梅に削り節のうまみをプラス

いんげんの梅おかかあえ

■**材料(1人分)**
ゆでさやいんげん
　　　………… 50g(7本分)
梅肉 ………… 小さじ1
みりん ………… 小さじ1
削り節 ………… 2g
●1人分46kcal

■**作り方**
梅肉とみりんを混ぜ合わせ、いんげんをあえ、削り節を混ぜる。

この野菜でも 青菜、アスパラ、ピーマン、ブロッコリー

せん切りピーマンを使って

半調理の方法
ピーマンは縦半分に切ってヘタと種を取り、4mm幅の斜めせん切りにする。
保存 冷蔵庫で3〜4日

サブおかず集 / 野菜のおかず

ピーマンの山椒塩あえ

山椒の辛さと香りが食欲を刺激

■材料(1人分)
せん切りピーマン
　………… 40g(2個分)
塩、粉山椒…… 各少々
●1人分11kcal

■作り方
ピーマンは熱湯でさっとゆで、ざるに上げて湯をきる。塩と粉山椒であえる。

この野菜でも　アスパラ、さやいんげん、ミニトマト、もやし

ピーマンの七味炒め

ピリッと辛いきんぴら風

■材料(1人分)
せん切りピーマン
　………… 40g(2個分)
ごま油………… 小さじ1
しょうゆ……… 小さじ½
七味唐辛子……… 少々
●1人分49kcal

■作り方
1　フライパンにごま油を入れて中火で熱し、ピーマンを炒める。
2　色が鮮やかになったら、しょうゆ、七味唐辛子を加え、炒め合わせる。

この野菜でも　キャベツ、さやいんげん、にんじん、パプリカ

ピーマンのカレーマヨ炒め

カレーの風味で食べやすい

■材料(1人分)
せん切りピーマン
　………… 40g(2個分)
サラダ油……… 小さじ½
カレー粉………… 少々
マヨネーズ…… 大さじ½
●1人分71kcal

■作り方
1　フライパンにサラダ油を入れて中火で熱し、ピーマンを炒め、油がなじんだらカレー粉をふって炒める。
2　香りが立ったら、マヨネーズを加えて火を止め、混ぜる。

この野菜でも　アスパラ、さやいんげん、玉ねぎ、ブロッコリー

緑 と 赤 の救世主

ゆでブロッコリーとミニトマトのひと手間レシピ

ブロッコリーとミニトマトは、色が足りないときや、すき間をうめたいときに便利です。そのまま使うことが多いですが、ときには、ひとつのおかずに昇格させてみませんか?

カレー風味のスパイシーなおかず

ブロッコリーのカレー炒め

■材料(1人分)
ゆでブロッコリー
　………… 30g(3房)
オリーブ油 …… 小さじ½
塩、カレー粉 …… 各少々
●1人分29kcal

■作り方
フライパンにオリーブ油を入れて中火で熱し、小さく分けたブロッコリーをさっと炒め、塩、カレー粉をふる。

塩昆布で味がバッチリ決まる!

ブロッコリーの塩昆布あえ

■材料(1人分)
ゆでブロッコリー
　………… 30g(3房)
塩昆布(細切り) …… 少々
●1人分9kcal

■作り方
ブロッコリーを小さく分け、塩昆布であえる。

調味料はウスターソースだけ!

ブロッコリーのソース炒め

■材料(1人分)
ゆでブロッコリー
　………… 30g(3房)
オリーブ油 …… 小さじ½
ウスターソース … 小さじ1
●1人分34kcal

■作り方
フライパンにオリーブ油を入れて中火で熱し、小さく分けたブロッコリーをさっと炒め、ウスターソースを加えて炒め合わせる。

ミニトマトのハーブドレッシングあえ

■材料(1人分)
ミニトマト …………… 3個
フレンチドレッシング
　（市販。またはp54）
　…………… 小さじ1
オレガノ、タイム(各ドライ)
　…………… 各少々
●1人分33kcal

■作り方
フレンチドレッシングにオレガノとタイムを混ぜる。ミニトマトを半分に切って加え、あえる。

半分に切れば味がしっかりなじむ

ミニトマトの甘みが引き立つ

ミニトマトの山椒炒め

■材料(1人分)
ミニトマト …………… 3個
ごま油 ………… 小さじ½
塩、粉山椒 ……… 各少々
●1人分32kcal

■作り方
フライパンにごま油を中火で熱し、ミニトマトを炒める。油がなじんだら塩、粉山椒をふる。

ミニトマトの砂糖じょうゆ炒め

■材料(1人分)
ミニトマト …………… 3個
ごま油 ………… 小さじ½
砂糖 …………… 小さじ¼
しょうゆ ……… 小さじ½
●1人分37kcal

■作り方
フライパンにごま油を入れて中火で熱し、ミニトマトを炒める。油がなじんだら、砂糖としょうゆを加えてからめる。

甘くてしょっぱくて、クセになる味

せん切りにんじんを使って

半調理の方法
にんじんは斜め薄切りにし、少しずつずらして重ね、端からせん切りにする。

保存 冷蔵庫で4〜5日

ごま油で風味をきかせて

にんじんのナムル

■ **材料(1人分)**
せん切りにんじん
　　　………… 40g(¼本分)
ごま油 ……… 小さじ½
塩、一味唐辛子、
　白いりごま …… 各少々

● 1人分36kcal

■ **作り方**
にんじんは熱湯でさっとゆで、ざるに上げて湯をきる。ごま油、塩、一味唐辛子、ごまであえる。

この野菜でも さやいんげん、セロリ、パプリカ、ピーマン

ドライハーブはバジルやタイムに変えてもOK

にんじんのソテーサラダ

■ **材料(1人分)**
せん切りにんじん
　　　………… 40g(¼本分)
オリーブ油 …… 小さじ1
酢 …………… 小さじ1
塩 …………… 少々
オレガノ(ドライ) …少々

● 1人分54kcal

■ **作り方**
1 フライパンにオリーブ油を入れて中火で熱し、にんじんを炒める。しんなりしたら火を止める。
2 酢、塩、オレガノを合わせ、にんじんをあえる。

この野菜でも きのこ、セロリ、パプリカ、ピーマン、れんこん

せん切りだから火の通りが早い

にんじんの煮びたし

■ **材料(1人分)**
せん切りにんじん
　　　………… 40g(¼本分)
だし汁 ………… 80㎖
しょうゆ、みりん
　　　………… 各小さじ¼
塩 …………… 少々

● 1人分22kcal

■ **作り方**
1 鍋にだし汁、しょうゆ、みりん、塩を合わせ、中火で煮立てる。
2 にんじんを加えて、混ぜながらしんなりするまで煮る。

この野菜でも キャベツ、ピーマン

ゆでにんじんを使って

半調理の方法
にんじんは小さめの乱切りにし、鍋に入れて水を加え、中火でやわらかくなるまでゆで、ざるに上げて湯をきる。

保存 冷蔵庫で3～4日

サブおかず集 / 野菜のおかず

にんじんの含め煮

にんじんの甘みをいかしたおかず

■ 材料(1人分)
ゆでにんじん
　……… 50g(1/3本分)
A ┌ だし汁 ……… 50ml
　│ 塩、しょうゆ
　│ ……… 各少々
　└ みりん …… 小さじ1/3

● 1人分25kcal

■ 作り方
鍋にAを入れ、にんじんを加える。中火にかけ、落としぶたをして4～5分煮る。

 この野菜でも　かぼちゃ、キャベツ、さつまいも、じゃがいも

にんじんのケチャップ炒め

小さめコロコロで食べやすい

■ 材料(1人分)
ゆでにんじん
　……… 50g(1/3本分)
サラダ油 ……… 小さじ1
塩 ……… 少々
トマトケチャップ
　……… 小さじ1

● 1人分61kcal

■ 作り方
1 フライパンにサラダ油を入れて中火で熱し、にんじんを炒める。
2 油がなじんだら、塩、ケチャップを加えて、からめる。

 この野菜でも　アスパラ、キャベツ、さやいんげん、ピーマン

にんじんのレモン煮

レモンの酸味がさわやか

■ 材料(1人分)
ゆでにんじん
　……… 50g(1/3本分)
水 ……… 大さじ2
砂糖 ……… 小さじ1
レモン(輪切り) ……… 1枚
塩 ……… 少々

● 1人分31kcal

■ 作り方
1 レモンはいちょう切りにする。
2 鍋にすべての材料を入れて中火にかけ、混ぜながら4～5分煮る。

この野菜でも　かぼちゃ、さつまいも

細切りパプリカを使って

半調理の方法
パプリカ（赤）は縦4等分に切ってヘタと種を取り、5～6mm幅の斜め細切りにする。
保存 冷蔵庫で3～4日

オイスターソースとごま油で中華風

パプリカのオイスターソースあえ

■材料(1人分)
細切りパプリカ …………… 50g(⅓個分)
オイスターソース …………… 小さじ½
ごま油 ……… 小さじ¼
●1人分27kcal

■作り方
パプリカは熱湯でさっとゆで、ざるに上げて湯をきる。オイスターソースとごま油であえる。

 この野菜でも　キャベツ、さやいんげん、チンゲン菜、にんじん

パプリカの甘みに酸味がマッチ

パプリカのポン酢おかか炒め

■材料(1人分)
細切りパプリカ …………… 50g(⅓個分)
ごま油 ………… 小さじ1
ポン酢しょうゆ …………… 大さじ1
削り節 ……………… 2g
●1人分67kcal

■作り方
1 フライパンにごま油を入れて中火で熱し、パプリカを炒める。
2 油がなじんだら、ポン酢しょうゆを加えてさっと炒め、火を止める。削り節を混ぜる。

 この野菜でも　アスパラ、キャベツ、さやいんげん、ピーマン

和洋どちらにも合うおかず

パプリカの塩わさびあえ

■材料(1人分)
細切りパプリカ …………… 50g(⅓個分)
塩 ………………… 少々
オリーブ油 …… 小さじ½
おろしわさび‥小さじ½
●1人分41kcal

■作り方
パプリカは熱湯でさっとゆで、ざるに上げて湯をきる。塩、オリーブ油、わさびであえる。

 この野菜でも　アスパラ、キャベツ、さやいんげん、にんじん

蒸し かぼちゃ を使って

半調理の方法
かぼちゃは種とわたを取り、5〜6cm角に切る。ラップで包み、電子レンジで加熱する（150g〈1/8個〉ならば3分）。※大きめに切るのがポイント。好みの大きさに切ったり、つぶしたりできて使い勝手がよい。
保存 冷蔵庫で3〜4日

サブおかず集 / 野菜のおかず

かぼちゃのカレー煮

■材料(1人分)
- 蒸しかぼちゃ ……… 50g
- サラダ油 ……… 小さじ1
- カレー粉 ………… 少々
- 湯 ………… 大さじ2
- トマトケチャップ … 小さじ1
- しょうゆ ……… 小さじ1/4

●1人分91kcal

■作り方
1 かぼちゃは7mm幅に切る。
2 フライパンにサラダ油を入れて中火で熱し、かぼちゃを炒める。油がなじんだらカレー粉をふって炒める。
3 材料の湯、トマトケチャップ、しょうゆを加え、汁気がなくなるまで煮る。

 この野菜でも じゃがいも

甘さとしょっぱさがいいバランス

かぼちゃのマーマレードあえ

■材料(1人分)
- 蒸しかぼちゃ ……… 50g
- マーマレード …… 大さじ1

●1人分100kcal

■作り方
かぼちゃはひと口大に切り、電子レンジで30秒加熱して温め、マーマレードであえる。

この野菜でも さつまいも、にんじん

口直しにもデザート代わりにもなる

かぼちゃの梅じょうゆ炒め

■材料(1人分)
- 蒸しかぼちゃ ……… 50g
- ごま油 ………… 小さじ1
- A[梅肉、しょうゆ …… 各小さじ1/2
     砂糖 …… 小さじ1/4]

●1人分95kcal

■作り方
1 かぼちゃは7〜8mm幅に切る。Aは混ぜ合わせる。
2 フライパンにごま油を入れて中火で熱し、かぼちゃを炒める。油がなじんだらAを加えてからめる。

この野菜でも さつまいも、じゃがいも、パプリカ、れんこん

甘さと酸っぱさが不思議とよく合う

ゆでさつまいもを使って

半調理の方法
さつまいもは3cm厚さくらいの輪切りにし、鍋に入れて水を加え、中火でやわらかくなるまでゆでる。
※厚めに切るのがポイント。好みの大きさに切ったり、つぶしたりできて、使い勝手がよい。

保存 冷蔵庫で3〜4日

甘じょっぱい味つけでごはんにも合う

さつまいものしょうゆ炒め

■ 材料(1人分)
- ゆでさつまいも ………… 50g(小1/3本)
- ごま油 ………… 小さじ1
- しょうゆ ……… 小さじ1
- 七味唐辛子 ……… 少々
- ●1人分109kcal

■ 作り方
1. さつまいもは細切りにする。
2. フライパンにごま油を入れて中火で熱し、さつまいもをさっと炒める。油がなじんだらしょうゆを加えてからめ、七味唐辛子をふる。

この野菜でも にんじん、ピーマン

レモン汁は最後に加えて風味をいかして

さつまいものはちみつレモン煮

■ 材料(1人分)
- ゆでさつまいも ………… 50g(小1/3本)
- レモン(輪切り) ……… 1枚
- はちみつ ……… 小さじ1
- 水 ……………… 大さじ2
- レモン汁 ……… 小さじ1
- ●1人分89kcal

■ 作り方
1. さつまいもは1cm厚さの半月切りにする。レモンはいちょう切りにする。
2. 鍋にさつまいも、レモン、はちみつ、材料の水を入れて中火にかけ、混ぜながら煮る。汁気がほとんどなくなったら、レモン汁を加える。

この野菜でも かぼちゃ、にんじん

チーズの塩気で甘みが引き立つ

クリームチーズ入りスイートポテト

■ 材料(1人分)
- ゆでさつまいも ………… 50g(小1/3本)
- 砂糖 ………… 大さじ1
- クリームチーズ
   … 20g(個包装のもの1個)
- ●1人分171kcal

■ 作り方
1. さつまいもはラップで包み、電子レンジで40〜50秒加熱して温める。
2. 皮をむいてつぶし、砂糖を混ぜる。湯を加えてまとまるかたさに調整する。
3. クリームチーズを加えてざっと混ぜ、2等分にし、ラップで包んで丸くする。

この野菜でも かぼちゃ

蒸し じゃがいも を使って

半調理の方法
じゃがいもは皮ごとラップで包み、電子レンジで加熱する（150g〈1個〉ならば3分）。あら熱がとれたら皮をむく。
※丸ごと加熱するのがポイント。好みの大きさに切ったり、つぶしたりできて使い勝手がよい。
保存 冷蔵庫で3〜4日

サブおかず集　野菜のおかず

じゃがいものおかか煮

■ 材料（1人分）
- 蒸しじゃがいも …… 50g（⅓個）
- 水 …… 大さじ2
- しょうゆ …… 小さじ1
- みりん …… 小さじ½
- 削り節 …… 2g

●1人分61kcal

 この野菜でも　にんじん、れんこん

■ 作り方
1. じゃがいもはひと口大に切る。
2. 鍋にじゃがいも、材料の水、しょうゆ、みりんを入れ、中火にかけ、混ぜながら煮る。ほとんど汁気がなくなったら、削り節をからめる。

削り節としょうゆだからごはんにも合う

クイックフライドポテト

■ 材料（1人分）
- 蒸しじゃがいも …… 50g（⅓個）
- サラダ油 …… 大さじ1
- 塩 …… 少々

●1人分153kcal

 この野菜でも　アスパラ、さつまいも、さやいんげん、にんじん

■ 作り方
1. じゃがいもはひと口大に切る。
2. フライパンにサラダ油を入れて中火で熱し、じゃがいもを炒める。まわりがカリッとしたら、油をきって塩をふる。

外はカリカリ、中はホクホク

さっぱりポテトサラダ

■ 材料（1人分）
- 蒸しじゃがいも …… 50g（⅓個）
- フレンチドレッシング（市販。またはp54） …… 大さじ1
- パセリ（ドライ） …… 少々

●1人分103kcal

■ 作り方
1. じゃがいもはラップで包み、電子レンジで30〜40秒加熱して温める。
2. フォークでつぶし、ドレッシングであえ、パセリをふる。

 この野菜でも　かぼちゃ、さつまいも

つぶして混ぜて、できあがり

サブおかず2 として活用しよう！

きのこ、海藻、こんにゃく・しらたきの
ヘルシーサブおかず

食物繊維やミネラルなど、栄養が豊富な食材も、できるだけお弁当に使いたいものです。ここでは1人分の分量で紹介しますが、日持ちするので、多めに作るのもよいでしょう。

簡単だからもう1品ほしいときにも便利

しいたけのマリネ

■ 材料(1人分)
- しいたけ ……… 60g(3枚)
- オリーブ油 …… 大さじ½
- 塩、こしょう …… 各少々
- 酢 ……………… 小さじ1

●1人分68kcal

 保存 冷蔵庫で5日

■ 作り方
1. しいたけは軸を切って、十字に4つに切る。
2. フライパンにオリーブ油を入れて中火で熱し、しいたけを炒める。油がなじんだら塩、こしょう、酢をからめる。

しめじのごま炒め

ごまのプチプチ感がアクセント

■ 材料(1人分)
- しめじ …… 40g(½パック)
- ごま油 ………… 小さじ1
- 塩 ………………… 少々
- 黒いりごま …… 小さじ1

●1人分62kcal

 保存 冷蔵庫で5日

■ 作り方
1. しめじは石づきを切り、ほぐす。
2. フライパンにごま油を入れて中火で熱し、しめじを炒める。しんなりしたら塩、ごまをふる。

いろいろミックスしよう！

きのこミックスも便利です

しいたけ、しめじ、エリンギなど、好みのきのこをまとめて保存すると、さっと使えて重宝します。石づきを切り、ほぐしたり好みの大きさに切ったりして保存袋に入れましょう。冷凍したものは、凍ったまま使ってください。

 保存 冷蔵庫で3日 冷凍庫で2週間

しめじのしぐれ煮

■ 材料(1人分)
しめじ …… 40g(½パック)
しょうが(みじん切り)
　………… 小さじ1
だし汁 ………… 大さじ1
しょうゆ ……… 小さじ1
みりん ………… 小さじ½
● 1人分20kcal

保存　冷蔵庫で5日

■ 作り方
1 しめじは石づきを切り、ほぐす。
2 鍋にだし汁、しょうゆ、みりんを入れて、しめじ、しょうがを加え、ふたをして中火にかける。しめじがしんなりしたらふたを取り、汁気を飛ばしながら煮る。

しょうがの風味ですっきり

えのきの梅煮

■ 材料(1人分)
えのきたけ …… 40g(½袋)
梅干し ………… 1個
湯 ……………… 大さじ1
みりん ………… 小さじ1
● 1人分26kcal

保存　冷蔵庫で3日

■ 作り方
1 えのきたけは根元を切り、3～4cm長さに切って、ほぐす。
2 鍋に梅干し、材料の湯、みりんを入れて、菜箸で梅干しをほぐす。えのきたけを加え、ふたをして中火で2～3分煮る。
3 しんなりしたらふたを取り、混ぜて汁気を飛ばしながら煮る。

シャキシャキ食感が持ち味！

エリンギの焼き漬け

■ 材料(1人分)
エリンギ ‥ 50g(½パック)
だし汁 ………… 大さじ2
しょうゆ、みりん
　………… 各小さじ1
● 1人分29kcal

保存　冷蔵庫で5日

■ 作り方
1 エリンギは縦半分に切る。グリルに並べ、中火で5～6分、こんがりするまで焼く。
2 だし汁、しょうゆ、みりんを混ぜ合わせ、エリンギを漬ける。

焼いて香ばしさをプラス

あっさり味だから食べ飽きない

切り昆布とにんじんのいり煮

■ 材料(1人分)

切り昆布(生)……… 50g
にんじん …… 20g(2cm分)
ごま油 ………… 小さじ1
A [だし汁 ……… 50mℓ
　しょうゆ、みりん
　　……… 各小さじ⅓
　塩 …………… 少々]
● 1人分66kcal

保存 冷蔵庫で5日

■ 作り方

1 切り昆布は食べやすい長さに切る。にんじんは5mm角に切る。
2 フライパンにごま油を入れて中火で熱し、切り昆布、にんじんを炒める。油がなじんだらAを加え、汁気がなくなるまで煮る。

わかめのねぎ炒め

ごま油と長ねぎで風味をつけて

■ 材料(1人分)

カットわかめ(乾燥)… 2g
ごま油 ………… 小さじ1
長ねぎ ………… 10cm
塩 ………………… 少々
砂糖 ………… 小さじ¼
湯 …………… 大さじ2
● 1人分46kcal

保存 冷蔵庫で5日

■ 作り方

1 わかめは水につけて戻す。長ねぎは縦四つ割りにし、横に7～8mm幅に切る。
2 フライパンにごま油を入れて中火で熱し、わかめ、長ねぎを炒める。油がなじんだら塩、砂糖、材料の湯を加え、汁気がなくなるまで炒める。

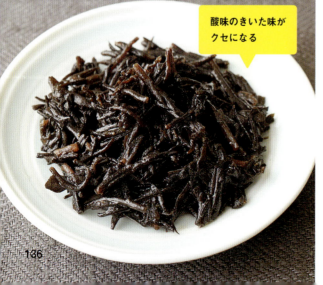

酸味のきいた味がクセになる

ひじきの和風マリネ

■ 材料(1人分)

ひじき(ドライパック)
……………… 40g
ごま油 ………… 小さじ1
しょうゆ、砂糖
……… 各小さじ½
酢 …………… 大さじ1
● 1人分52kcal

保存 冷蔵庫で5日

■ 作り方

1 フライパンにごま油を入れて中火で熱し、ひじきを炒める。
2 水気が飛んだら、しょうゆ、砂糖、酢を加えて混ぜる。

※乾燥のひじきを使う場合は、約5gを水につけて戻す。

こんにゃくのとくさ煮

■ 材料(1人分)
こんにゃく …… 50g(⅓枚)
A │ だし汁 …… 50ml
  │ しょうゆ、みりん
  │ …… 各小さじ1
青のり …… 大さじ1

● 1人分26kcal

保存 冷蔵庫で5日

■ 作り方
1 こんにゃくは1.5〜2cm角に切り、熱湯でゆでてアクを抜き、ざるに上げて湯をきる。
2 鍋にAを入れ、こんにゃくを加え、中火にかける。ときどき混ぜながら汁気がなくなるまで煮て、青のりをまぶす。

> 青のりの風味豊かなおかず

しらたきとたらこのいり煮

■ 材料(1人分)
しらたき …… 50g(¼袋)
たらこ …… 15g
A │ だし汁 …… 50ml
  │ 塩 …… 少々
  │ みりん …… 小さじ½

● 1人分32kcal

保存 冷蔵庫で5日

■ 作り方
1 しらたきは食べやすい長さに切り、熱湯でゆでてアクを抜き、ざるに上げて湯をきる。たらこは薄皮を取る。
2 鍋にAを入れて中火にかけ、しらたきを加え、ときどき混ぜながら煮る。
3 汁気がほとんどなくなったら、たらこを加え、混ぜて火を通す。

> たらこの塩気がよい調味料

こんにゃくのソース煮

■ 材料(1人分)
こんにゃく …… 50g(⅓枚)
A │ だし汁 …… 50ml
  │ ウスターソース
  │ …… 小さじ2
  │ しょうゆ …… 小さじ½

● 1人分20kcal

保存 冷蔵庫で5日

■ 作り方
1 こんにゃくは5mm厚さのひと口大に切り、熱湯でゆでてアクを抜き、ざるに上げて湯をきる。
2 鍋にAを入れて中火にかけ、こんにゃくを加える。ときどき混ぜながら、汁気がなくなるまで煮る。

> スパイシーなソースがよく合う

> サブおかず として活用しよう!

常備しておくと断然便利な
作りおきのサブおかず

冷蔵庫に常備菜があると、時間にも気持ちにも余裕が生まれます。たくさんは無理でも、いくつか用意しておくとよいでしょう。お弁当箱には、温め直してから詰めてください。

あるとうれしい常備菜の定番おかず

きんぴらごぼう

■ 材料（5人分）

- ごぼう ……… 200g（1本）
- にんじん ……… 30g（1/5本）
- サラダ油 ……… 大さじ1
- 赤唐辛子（輪切り）…… 少々
- A
  - だし汁 ……… 150㎖
  - 塩 ……… 小さじ1/3
  - しょうゆ ……… 小さじ1
  - みりん ……… 小さじ2

● 1人分58kcal

■ 作り方

1. ごぼう、にんじんは細切りにする。
2. 鍋にサラダ油を入れて中火で熱し、ごぼう、にんじんを炒める。
3. 油が回ったら赤唐辛子とAを加え、落としぶたをして汁気がなくなるまで煮る。

保存 冷蔵庫で5～6日

この野菜でも　れんこん、さつまいも、水気の少ない根菜

甘さ控えめのあっさり味

煮豆

■ 材料（5人分）

- 白いんげん豆（乾燥）……… 150g
- 砂糖 ……… 60g
- 塩 ……… 少々

● 1人分146kcal

保存 冷蔵庫で5～6日

この豆でも　金時豆、うずら豆、とら豆

■ 作り方

1. 白いんげん豆は洗って鍋に入れ、たっぷりの水を加えて1晩おく。
2. 1を中火にかけ、沸騰したら弱めの中火にして、やわらかくなるまで40～50分ゆでる。
3. 湯をひたひたまで残して捨て、砂糖を3回に分けて加え、そのつど7～8分煮る。
4. 塩を加えてひと煮する。

138

切り干し大根の煮もの

■ 材料(5人分)

切り干し大根(乾燥)
　　　　　　　………… 40g
にんじん ……… 30g(1/5本)
こんにゃく …… 75g(1/2枚)
ちくわ(小) ………… 1本
サラダ油 ……… 大さじ1
A ┌ 湯 ……… 1½カップ
　│ 塩 ……… 小さじ½
　│ しょうゆ … 小さじ1
　└ みりん …… 大さじ1

● 1人分62kcal

 保存 冷蔵庫で5〜6日

■ 作り方

1 切り干し大根はもみ洗いし、ひたひたの水につけて戻し、軽く水気を絞る。
2 にんじんは細切りにする。
3 こんにゃくは細切りにし、熱湯でゆでてアクを抜き、ざるに上げて湯をきる。
4 ちくわは縦半分に切り、斜め細切りにする。
5 鍋にサラダ油を入れて中火で熱し、1〜4を炒める。油が全体になじんだらAを加え、落としぶたをして煮る。
6 煮立ったら弱火にし、汁気がほとんどなくなるまで、15〜20分煮る。

だし汁いらずで作れるのがうれしい！

ひじきの煮もの

■ 材料(5人分)

ひじき(乾燥) ……… 20g
にんじん ……… 30g(1/5本)
こんにゃく …… 75g(1/2枚)
油揚げ …………… 1枚
サラダ油 ……… 大さじ1
A ┌ 湯 ……… 1½カップ
　│ 塩 ……… 小さじ½
　│ しょうゆ … 小さじ1
　└ みりん …… 小さじ2

● 1人分54kcal

 保存 冷蔵庫で5〜6日

■ 作り方

1 ひじきはたっぷりの水につけて戻し、さっと洗って水気をきる。
2 にんじんは細切りにする。
3 こんにゃくは細切りにし、熱湯でゆでてアクを抜き、ざるに上げて湯をきる。
4 油揚げは細切りにし、熱湯でさっとゆでて油抜きをする。
5 鍋にサラダ油を入れて中火で熱し、1〜4を炒める。油が全体になじんだらAを加え、落としぶたをして煮る。
6 煮立ったら弱火にし、汁気がほとんどなくなるまで、15〜20分煮る。

しみじみおいしいお惣菜

サブおかず集 / 作りおきのサブおかず

何かと助かる使い勝手のいいおかず

ピクルス

■ 材料(5人分)

大根	160g(5cm)
にんじん	50g(⅓本)
セロリ	40g(½本)
塩	小さじ1
A 水	150mℓ
砂糖	大さじ1
塩	小さじ½
ローリエ	1枚
酢	⅓カップ

● 1人分21kcal

保存
冷蔵庫で6〜7日

■ 作り方

1. 小鍋にAを入れ、ローリエを半分にちぎって加える。中火にかけてひと煮立たせ、冷めたら酢を加える。
2. 大根、にんじん、セロリは8mm角×3cm長さの棒状に切る。
3. 2をボウルに合わせ、塩をふってなじませ、30分おく。しんなりしたら、もんで水気を絞る。保存容器に入れ、1を加えて1晩以上漬ける。

作り方のadvice
ピクルス液は2〜3回ならば、くり返し使えます。2回目以降は、一度しっかり煮立ててから味をととのえ直してください。きゅうりやかぶでも作れます。

ごはんのおともに最適！

きゅうりのしょうゆ漬け

■ 材料(5人分)

きゅうり	200g(2½本)
塩	小さじ⅔
しょうゆ	大さじ2
みりん	大さじ½
赤唐辛子	1本

● 1人分15kcal

保存
冷蔵庫で6〜7日

■ 作り方

1. きゅうりは皮を縞目にむき、乱切りにする。塩をふってなじませ、30分おく。しんなりしたら、もんで水気を絞る。
2. 保存容器にしょうゆ、みりんを入れ、赤唐辛子をちぎって種を取り除き、加える。きゅうりを加えて1晩以上漬ける。

アレンジのadvice
かぶ、大根、セロリ、にんじんを漬けるのもおいしいです。きゅうりと同じように、塩をふって余分な水分を抜いてから漬けましょう。

ラクしておいしい
主食が主役のお弁当

ごはん、パン、麺の主食をメインにしたお弁当をご紹介。
普段のお弁当とは趣向が違うので、
ふたを開けたときの喜びはひとしおですし、
作るほうもおかずの数が少なくてすむのでラク。
こうしたお弁当をときどき作ると、
食べるほうも作るほうもマンネリになることなく、
お弁当生活にメリハリがつけられます。

主食が主役のお弁当は…

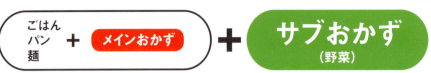

主食にたんぱく質食材をプラス。
だから、それだけで主食とメインおかずはOK！
あとは野菜のサブおかずを1つだけ。
あいたすき間やない色は
ミニトマトかブロッコリーに頼りましょう。

主食 ＋ メインおかず
ごはんやパン、麺などの主食に、肉や魚、卵などのたんぱく質食材が入っているので、主食がメインおかずの役割も果たします。

サブおかず
野菜のおかずです。主食＋メインおかずがもの足りないときは、ここにたんぱく質食材も少し足します。

お弁当の組み立て方

たとえば、
左のページのお弁当なら
こう考えて組み立てます

1 主食の種類を決める

ごはん、パン、麺のうち、どれを使うかを選びます。食べたいもの、使いたいものを思い浮かべて考えましょう。

> 炊飯器にごはんがある

✓ ごはん

2 主食が主役の料理を決める

選んだ主食で何ができるか、何が食べたいかを思い浮かべて決めます。そうすれば、おのずといっしょに入れる肉、魚、卵、大豆製品などのたんぱく質食材も決まります。

②からスタートしてもOK
主食が主役の料理で、食べたいものを思い浮かべます。「あれ食べたい！」とリクエストがあったときもこの考え方です。これなら、使う主食の種類と、たんぱく質食材が一気に決まります。

> チャーハンが食べたいな

✓ チャーハン

> チャーハンに使う
> たんぱく質食材は焼き豚と卵

> たんぱく質は十分足りてるな

3 サブおかず を決める

主食が主役の料理に合う野菜のおかずを考えます。主食が主役の料理にはない味や食材を思い浮かべるとよいでしょう。栄養面も考えて、ボリュームが足りないときは、たんぱく質食材を加えたおかずにします。

> チャーハンに油を
> 使っているから、
> さっぱり味がいいな

> 野菜が全然ないから
> 野菜を入れなくちゃ

✓ キャベツとアスパラの
中華風あえもの

5 色を足す。すき間をうめる

お弁当のメニューを考えるときは、ここまで考える必要はありません。できあがったお弁当を見て、必要に応じて足しましょう。

> すき間はあいていないから
> これでOK！

完成

鶏そぼろの3色弁当

鶏そぼろをメインに、黄色のいり卵を合わせたら、緑色の野菜はお好みで。しっとりそぼろと、ほんのり甘い卵がおいしい定番弁当です。もう1品は、漬けもの代わりにもなる、きゅうりのあえものを。

サブおかず
きゅうりの赤じそふりかけあえ

ごはん+ **メインおかず**
鶏そぼろの3色ごはん

青菜のほか、さやいんげんや、さやえんどうでもOK

ごはんの上にのせる順番は真ん中からはじめるときれいに詰められる！

食べやすいよう、スプーンをつけて

・total 560kcal・

それぞれ異なる3つの味が楽しめる
鶏そぼろの3色ごはん

■ 材料(1人分)

鶏そぼろ
- 鶏ひき肉 …………… 50g
- A
  - しょうゆ ………… 小さじ1
  - 砂糖 ……………… 小さじ½
  - しょうが(みじん切り) ……………… 小さじ1

いり卵
- 卵 …………………… 1個
- 塩 …………………… 少々
- 砂糖 ……………… 小さじ½

ほうれん草のしょうゆあえ
- ほうれん草 ………… 50g(¼束)
- しょうゆ …………… 小さじ½
- ごはん ……………… 200g

● 1人分543kcal

■ 作り方

1. 鶏そぼろを作る。鍋にひき肉を入れ、Aを加えてよく混ぜる。中火にかけ、菜箸4〜5本でかき混ぜながら火を通し、ぽろぽろにする。
2. いり卵を作る。卵を溶きほぐし、塩、砂糖を混ぜる。鍋に卵液を入れて弱火にかけ、菜箸4〜5本でかき混ぜて火を通し、ぽろぽろにする。
3. ほうれん草のしょうゆあえを作る。ほうれん草は熱湯で色よくゆでて冷水にとり、水気を絞って細かく刻む。しょうゆであえる。
4. ごはんに1〜3をのせる(→右下の詰め方手順参照)。

ふりかけに塩気があるので、あえるだけ
きゅうりの赤じそふりかけあえ

■ 材料(1人分)
- きゅうり …………… 40g(½本)
- 赤じそふりかけ ……… 小さじ½

● 1人分17kcal

■ 作り方

1. きゅうりは皮を縞目にむき、端から斜めに細かく切り目を入れる(切り離さないように注意)。裏返し、同様にして斜めの細かい切り目を入れる(蛇腹切り)。
2. 1.5cm幅に切り、赤じそふりかけであえる。

詰め方手順
- ごはん
- 鶏そぼろ
- いり卵
- ほうれん草のしょうゆあえ
- 別容器にきゅうりの赤じそふりかけあえ

↓
finish!

配置を変えれば印象も変わる！
鶏そぼろの3色ごはんの詰め方アレンジ

卵だからひよこの形！ / 金時豆の甘煮をのせて目とくちばしを作る

丸みがあってかわいい印象

混ぜごはん弁当

白いごはんに混ぜるだけの気軽さが魅力の混ぜごはん。具は塩気のあるものを選ぶと味のバランスがととのいます。ごはんにおかずが混ざっているから、もう1品は簡単なもので十分です。

ごはん+ **メインおかず**
鮭と野沢菜の混ぜごはん

ごはんに塩気があるから甘いおかずを組み合わせて

サブおかず
かぼちゃの煮もの

ごまのプチプチ食感と香ばしさがいい働き！

・total 576kcal・

鮭と漬けものの塩気がよい調味料
鮭と野沢菜の混ぜごはん

■ 材料(1人分)
- ごはん ………………… 200g
- 塩鮭 ………………… 1切れ(80g)
- 野沢菜漬け ………………… 20g
- 白いりごま ………… 大さじ½

● 1人分526kcal

■ 作り方
1. 鮭はグリルにのせ、中火で7〜8分焼き、皮と骨を取り除いてほぐす。
2. 野沢菜漬けは汁気を絞り、細かく刻む。
3. ごはんに鮭と野沢菜漬け、ごまを加えて混ぜる。

少しのしょうゆが甘みを引き立たせる
かぼちゃの煮もの

■ 材料(1人分)
- かぼちゃ ………………… 50g
- しょうゆ ………………… 小さじ1

● 1人分50kcal

■ 作り方
1. かぼちゃは1cm厚さに切り、水とともに鍋に入れ、中火でゆでる。
2. やわらかくなったら、湯をひたひたまで残して捨てる。しょうゆを加え、汁気がなくなるまで煮る。

詰め方手順
- 鮭と野沢菜の混ぜごはん
- カップを入れてかぼちゃの煮もの

↓ finish!

調味料を変えればアレンジの幅も広がる！
混ぜごはんバリエーション

具がごろごろでボリューム満点

牛肉とブロッコリーのカレー炒め混ぜごはん

■ 材料(1人分)
- ごはん ………………… 200g
- 牛こま切れ肉 ………… 50g
- A ┌ しょうゆ …… 小さじ2
　　└ カレー粉 …… 小さじ½
- ブロッコリー …… 50g(3房)
- サラダ油 ………… 小さじ1
- 塩 ………………………… 少々

● 1人分524kcal

■ 作り方
1. 牛肉にAをもみ込む。ブロッコリーは小さく分け、熱湯で色よくゆで、ざるに上げて湯をきる。
2. フライパンにサラダ油を入れて中火で熱し、牛肉を炒める。肉に火が通ったらブロッコリーを加えて軽く炒め、塩をふる。
3. ごはんに2を混ぜる。

チャーハン弁当

チャーハンは、食べごたえがあるうえ、見栄えがするのもいいところ。パパッとできるから、実は時間がないときに向く料理です。もう1品は、野菜のおかずで栄養バランスをととのえましょう。

サブおかず
キャベツとアスパラの
中華風あえもの

チャーハンに
合う中華味の
おかず

別容器に詰める
と、チャーハン
に水気が移る心
配がない

チャーハンは箸
では食べにくい
ので、スプーン
を忘れずに

・total 673kcal・

ごはん＋ **メインおかず**
焼き豚と卵のチャーハン

定番の具で間違いないおいしさ
焼き豚と卵のチャーハン

■ 材料(1人分)

ごはん	200g
焼き豚	50g
長ねぎ	40g(½本)
卵	1個
サラダ油	大さじ1
塩、こしょう	各少々
しょうゆ	大さじ½

●1人分636kcal

■ 作り方

1. 焼き豚は5mm角に切る。長ねぎは縦四つ割りにし、横に5mm幅に切る。
2. フライパンにサラダ油を入れて中火で熱し、焼き豚と長ねぎを炒める。
3. 卵を溶きほぐして流し入れ、続けてごはんを加え、手早く炒める。ぽろぽろになったら塩、こしょうをふり、しょうゆを回し入れて炒める。

ごま油で香りづけして中華風に
キャベツとアスパラの中華風あえもの

■ 材料(1人分)

キャベツ	50g(1枚)
グリーンアスパラガス	30g(1本)
ごま油	小さじ½
塩、こしょう	各少々

●1人分37kcal

■ 作り方

1. キャベツはひと口大に切る。アスパラは根元のかたい部分を折り、根元のほうの皮を薄くむき、3cm長さに切る。
2. 熱湯でキャベツとアスパラを色よくゆで、ざるに上げて湯をきる。
3. キャベツとアスパラをごま油と塩、こしょうであえる。

詰め方手順

- 焼き豚と卵のチャーハン
- 別容器にキャベツとアスパラの中華風あえもの

finish!

具を変えればアレンジの幅は無限大！
チャーハンバリエーション

\じゃこ×のりで和風テイスト/

じゃことのりの卵チャーハン

■ 材料(1人分)

ごはん	200g
ちりめんじゃこ	5g
卵	1個
長ねぎ(小口切り)	40g(½本分)
焼きのり(全形)	1枚
サラダ油	大さじ1
塩	少々
しょうゆ	大さじ1

●1人分571kcal

■ 作り方

1. フライパンにサラダ油を入れて中火で熱し、ちりめんじゃこを炒める。カリッとしたら長ねぎを加えて軽く炒める。
2. 卵を溶きほぐして流し入れ、続けてごはんを加え、手早く炒める。
3. ぽろぽろになったら塩をふり、しょうゆを回し入れて炒める。のりを小さくちぎって加え、さっと炒める。

だしいらずの炊き込みごはん

1合で作れる！

時間がかかるのは具の下準備。これをすませておけば、朝は具をのせてスイッチを押すだけ。炊きたてを詰めて持って行くことができます。多めに作って冷凍しておくのもおすすめです。

牛肉としめじのピリ辛炊き込みごはん
チリペッパー味

牛肉入りでテンション上がる！

■材料(2人分)
- 米 ……………………………… 1合
- 牛こま切れ肉 ……………… 50g
- 玉ねぎ ………………… 50g(¼個)
- しめじ ……………… 40g(½パック)
- A
  - 塩 …………………… 小さじ¼
  - トマトペースト …… 大さじ½
  - しょうゆ …………… 小さじ1
  - チリパウダー※ ………… 少々
  - チリペッパー※ …… 小さじ½

※チリパウダーは唐辛子をメインに数種類のハーブやスパイスを混ぜたミックススパイス。チリペッパーは乾燥した赤唐辛子を細かくひいたスパイス。

■作り方

具の下準備をする
- 米は洗ってざるに上げ、水気をきる。
- 牛肉にAをもみ込む。
- 玉ねぎは粗みじん切りにする。
- しめじは石づきを切ってほぐす。

1 炊飯器の内釜に米を入れ、1合の目盛まで水を加える。大さじ1の水をすくって捨て、牛肉、玉ねぎ、しめじをのせて炊く。

2 炊きあがったら、全体を混ぜる。

●1人分368kcal

炊き込みごはんは冷凍もできる！

多めに作って冷凍すれば、朝は温めるだけ。いつでも味つけごはんが楽しめます。ラップに1回分ずつ包み、保存袋に入れて冷凍庫へ。保存期間は2週間です。

おすすめのサブおかず
いんげんのハーブドレッシングあえ
(→ p114)

みそ味

あさりとごぼうのみそ炊き込みごはん

■ 材料(2人分)
米 ……………………………… 1合
あさりのむき身(冷凍) ……… 50g
ごぼう ……………………… 40g(1/5本)
みそ ………………………… 大さじ1
みりん ……………………… 小さじ1

■ 作り方
具の下準備をする
- 米は洗ってざるに上げ、水気をきる。
- あさりは熱湯をかけて解凍する。
- ごぼうはささがきにする。

1　炊飯器の内釜に米を入れ、1合の目盛まで水を加える。大さじ1の水をすくって捨て、みそを溶き入れ、みりんを加える。全体を混ぜて表面を平らにし、あさりとごぼうをのせて炊く。

2　炊きあがったら、全体を混ぜる。

● 1人分335kcal

みそのうまみがじんわりしみている

\おすすめの/
サブおかず
小松菜の炒め煮
(→ p113)

鶏肉とれんこんの和風炊き込みごはん

■ 材料(2人分)
米 ……………………………… 1合
鶏もも肉 ……………………… 50g
れんこん ……………………… 50g
A [しょうゆ、みりん … 各小さじ1
　　塩 ……………………… 小さじ1/4]

■ 作り方
具の下準備をする
- 米は洗ってざるに上げ、水気をきる。
- 鶏肉は1cm角に切る。
- れんこんは小さな乱切りにする。

1　炊飯器の内釜に米を入れ、1合の目盛まで水を加える。大さじ1の水をすくって捨て、Aを加えて混ぜる。表面を平らにし、鶏肉とれんこんをのせて炊く。

2　炊きあがったら、全体を混ぜる。

● 1人分345kcal

\おすすめの/
サブおかず
にんじんの和風サラダ(→ p114)

ほくっとしたれんこんがおいしい！

しょうゆ味

151

ごはん+ **メインおかず**
オムライス

抜き型で抜くと
かわいい！
中身も見える！

サブおかず
きゅうりとかぶのサラダ

ミニトマト

ケチャップを
のせるとふたに
べったりつくので
お弁当では、なし

・total **729**kcal・

オムライス弁当

ケチャップライスは、ケチャップでごはんが少ししっとりして、冷めてもかたくならずにおいしい。卵で包んでしまうと黄一色になるのが残念なので、抜き型で抜いて中身を見せました。

主食が主役のお弁当

スタンダードな味でみんなに好まれる
オムライス

■材料(1人分)

ケチャップライス
- 鶏むね肉 …………… 50g
- 玉ねぎ ……………… 50g(¼個)
- にんじん …………… 20g(2cm分)
- マッシュルーム(缶詰・スライス) ……………… 30g
- サラダ油 …………… 大さじ½
- A
  - トマトケチャップ … 大さじ2
  - トマトペースト … 大さじ½
  - 塩、こしょう ……… 各少々
- ごはん ……………… 200g

薄焼き卵
- 卵 …………………… 1個
- 塩 …………………… 少々
- サラダ油 …………… 小さじ1

●1人分652kcal

■作り方

1. 薄焼き卵を作る。卵を溶きほぐし、塩を加えて混ぜる。フライパンにサラダ油を入れて中火で熱し、溶き卵を流し入れ、薄焼き卵を作り、取り出す。

2. ケチャップライスを作る。鶏肉は1cm角に切る。玉ねぎ、にんじんは5mm角に切る。マッシュルームは水気をきる。

3. 1のフライパンにサラダ油を入れて中火で熱し、2を炒める。肉に火が通ったらAを加えて炒める。調味料が全体になじんだらごはんを加え、炒め合わせる。

4. 薄焼き卵を星形の抜き型で抜き、お弁当箱に詰めたケチャップライスにかぶせる。

主役のおかずを引き立てるシンプルな味
きゅうりとかぶのサラダ

■材料(1人分)
- きゅうり …………… 40g(½本)
- かぶ ………………… 50g(小1個)
- 塩 …………………… 小さじ⅓
- フレンチドレッシング
  (市販。またはp54) ……… 大さじ1

●1人分77kcal

■作り方

1. きゅうりは皮を縞目にむき、3～4mm幅の小口切りにする。かぶは3～4mm幅のいちょう切りにする。

2. きゅうり、かぶを合わせて塩をふって混ぜ、なじんだらもんでしんなりさせ、水気を絞る。

3. きゅうり、かぶをドレッシングであえる。

詰め方手順

● ケチャップライス
● ケチャップライスの上に薄焼き卵
● カップを入れてきゅうりとかぶのサラダ
● ミニトマト
↓
finish!

ドライカレー弁当

ドライカレーはトマトでうまみを加え、深みのある味に仕上げました。スパイシーな味つけなので、甘酸っぱいおかずがほしくなるもの。そこで、もう1品はパイナップルを入れたおかずを合わせました。

- カレーといえばこれ！食欲増進にも口直しにもうってつけ
- **福神漬け**

サブおかず
ブロッコリーとパインのサラダ

- ごはんの上にのせると味がからんでおいしい！

- 卵をのせると一気に華やかに。おいしそうに見せる効果大！

ごはん＋ **メインおかず**
ドライカレー

ゆで卵
ゆで卵½個を1.5cm幅の輪切りにしてのせる。

・total **766**kcal・

ほどよい辛さで食べやすい
ドライカレー

■ 材料(1人分)

豚ひき肉	80g
玉ねぎ	50g(¼個)
トマト	100g(小1個)
サラダ油	大さじ½
カレー粉	小さじ1
A 水	50mℓ
A トマトケチャップ	大さじ1
A しょうゆ	大さじ½
A こしょう	少々
A ローリエ	½枚
ごはん	200g

● 1人分650kcal

■ 作り方

1. 玉ねぎはみじん切りにする。トマトは1cm角に切る。
2. フライパンにサラダ油を入れて中火で熱し、ひき肉を炒める。ぽろぽろになったら、玉ねぎを加えて炒める。
3. 玉ねぎがすき通ったら、カレー粉を加えて炒め、トマト、Aを加える。ときどき混ぜながら、汁気がなくなるまで煮る。
4. ごはんにドライカレーをのせる。

パイナップルの甘さがあとを引く
ブロッコリーとパインのサラダ

■ 材料(1人分)

ブロッコリー	50g(3房)
パイナップル(缶詰)	2枚
フレンチドレッシング(市販。またはp54)	小さじ2

● 1人分116kcal

■ 作り方

1. ブロッコリーは小さく分け、熱湯で色よくゆで、ざるに上げて湯をきる。パイナップルはひと口大に切る。
2. ブロッコリー、パイナップルをドレッシングであえる。

詰め方手順

- ごはん
- ドライカレー
- カップを入れてブロッコリーとパインのサラダ
- ドライカレーにゆで卵
- すき間に福神漬け

↓

finish!

ドライカレーと相性抜群！
のっけ卵をアレンジ

鮮やかな黄色が食欲を刺激！

目玉焼きON!

フライパンにサラダ油を中火で熱し、卵1個を割り入れて焼く。

とろ～り卵でおいしさアップ！

温泉卵ON!

市販の温泉卵を別にして持って行き、食べるときに割る。

主食が主役のお弁当

どんとのっけるだけの 丼弁当

丼もののお弁当は、いつもの正統派弁当とは違うからこその喜びがあります。おいしさとボリュームだけでなく、体のことも考えて、野菜もいろいろ入れました。

■ 材料(1人分)

鶏むね肉	50g
玉ねぎ	50g(¼個)
小松菜	30g(1株)
しめじ	20g(⅕パック)
A　だし汁	½カップ
塩	小さじ¼
しょうゆ	小さじ½
みりん	小さじ1
卵	1個
ごはん	200g

■ 作り方

1 鶏肉はひと口大のそぎ切りにする。玉ねぎは5mm幅に切る。小松菜は3〜4cm長さに切る。しめじは石づきを切ってほぐす。

2 鍋にAを入れて中火にかけ、煮立ったら玉ねぎを加える。すき通ったら鶏肉を加えて3〜4分煮る。

3 小松菜、しめじを加えてひと煮立ちさせ、卵を溶きほぐして流し入れ、大きく混ぜて火が通るまで煮る。

4 お弁当箱にごはんを詰め、3をのせる。

● 1人分536kcal

\おすすめの/
サブおかず
にんじんのごま酢あえ
(→ p159)

＼青菜ときのこも入れて栄養バランスアップ／

具だくさん親子丼

丼ものを詰めるのにぴったりなお弁当箱

丼の形をしたお弁当箱が市販されているので、こうしたものに詰めるのもいいでしょう。深さがあるので、ごはんの上に具ものせられます。

\牛肉×トマト×オイスターソースでうまみの三重奏！/

牛肉のオイスターソース炒め丼

■ 材料(1人分)

牛こま切れ肉	80g
チンゲン菜	50g(½株)
トマト	50g(⅓個)
ごま油	大さじ½
A [オイスターソース	大さじ½
しょうゆ	小さじ1
こしょう]	少々
ごはん	200g

■ 作り方

1 チンゲン菜は食べやすい大きさに切る。トマトはひと口大に切る。

2 フライパンにごま油を入れて中火で熱し、牛肉を炒める。肉の色が変わったら1を加えて炒める。しんなりしたらAを加えて炒め合わせる。

3 お弁当箱にごはんを詰め、2をのせる。

● 1人分674kcal

＼おすすめの／
サブおかず
きゅうりのしょうゆ漬け
(→ p140)

厚揚げマーボー丼

\厚揚げだから水が出てくる心配なし！/

■ 材料(1人分)

厚揚げ	150g(1枚)
にんじん	30g(⅕本)
セロリ	20g(⅙本)
長ねぎ	20g(¼本)
ごま油	大さじ½
A [豆板醤	小さじ⅓
オイスターソース	小さじ1
塩	少々
砂糖]	小さじ¼
湯	½カップ
片栗粉、水	各大さじ½
ごはん	200g

■ 作り方

1 厚揚げは熱湯でさっとゆでて油抜きをし、1.5cm角に切る。にんじん、セロリ、長ねぎは5mm角に切る。

2 フライパンにごま油を入れて中火で熱し、1を炒める。厚揚げに焼き色がついたらAを加えて炒める。全体になじんだら材料の湯を加え、2〜3分煮る。

3 片栗粉を材料の水で溶いて加え、とろみをつける。

4 お弁当箱にごはんを詰め、3をのせる。

● 1人分663kcal

＼おすすめの／
サブおかず
ミニトマトの
ハーブドレッシングあえ (→ p127)

のり弁と天ぷらの重ね弁当

のり弁の上に天ぷらを重ねるのが、このお弁当のだいご味。別々に詰めるよりもグッと魅力的になり、食欲もそそられます。味のバランスを考えて、さっぱり味のおかずを組み合わせましょう。

サブおかず
にんじんのごま酢あえ

のり弁に天ぷらをのせると、冷めたときのべちゃっと感が気にならない

ごはんの間にのりとおかかじょうゆがはさまった三段構造！

ごはん＋ メインおかず
のり弁 ちくわ&まいたけ天のせ

・total 588kcal・

主食が主役のお弁当

ごはんがおいしく食べられる最強の組み合わせ
のり弁 ちくわ&まいたけ天のせ

■材料(1人分)

ちくわ&まいたけ天
- ちくわ(小) ……………… 1本
- まいたけ ……… 50g(½パック)
- A
  - 天ぷら粉 … 20g(約大さじ2)
  - 水 ………………… 大さじ2
- 揚げ油 ………………… 適量

のり弁
- ごはん ………………… 200g
- 削り節 ………………… 3g
- しょうゆ ……………… 小さじ½
- 焼きのり(全形) ………… 1枚

●1人分524kcal

■作り方

1. ちくわ&まいたけ天を作る。ちくわは縦半分に切る。まいたけは大きめにさく。
2. Aを合わせ、なめらかになるまで混ぜる。
3. 揚げ油を170〜180℃に熱し、1に2の衣をつけて中火でカラリと揚げる。
4. のり弁を作る。削り節にしょうゆを混ぜておかかじょうゆを作る。のりはちぎる。
5. お弁当箱に、ごはん、のり、おかかじょうゆ、ちくわ&まいたけ天を重ねて詰める(→右下の詰め方手順参照)。

ごまがたっぷりで香り高い
にんじんのごま酢あえ

■材料(1人分)
- にんじん ……………… 50g(⅓本)
- A
  - 酢 ………………… 小さじ2
  - 塩 ………………… 少々
  - 砂糖 ……………… 小さじ½
  - 白すりごま ………… 小さじ2

●1人分64kcal

■作り方

1. にんじんは斜め薄切りにし、熱湯でやわらかくなるまでゆで、ざるに上げて湯をきる。
2. Aを混ぜ、にんじんをあえる。

詰め方手順
- ごはん
- のり
- ごはん
- おかかじょうゆ
- ごはん
- のり
- ちくわ&まいたけ天
- にんじんのごま酢あえ

↓
finish!

まだまだある！
重ね弁の重ね方アイデア

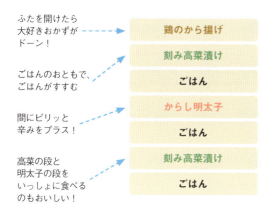

ふたを開けたら大好きおかずがドーン！ → 鶏のから揚げ

ごはんのおともで、ごはんがすすむ → 刻み高菜漬け

ごはん

間にピリッと辛みをプラス！ → からし明太子

ごはん

高菜の段と明太子の段をいっしょに食べるのもおいしい！ → 刻み高菜漬け

ごはん

コロッケ ← 揚げものはごはんにのせても合う！

刻みカリカリ梅 ← カリカリ食感が楽しい

ごはん

鮭フレーク ← 人気の鮭で中間地点も大満足！

ごはん

刻みカリカリ梅 ← ごはんが最後までおいしく食べられる

ごはん

おにぎり弁当

おにぎりの具に、たんぱく源の食材を入れたら、主食とメインおかずを兼ねた1品のできあがり。あとは具だくさんの汁ものを組み合わせれば、これで十分です。

天むすをイメージして具を飛び出させて
豚天むす

おにぎりのバリエーションは ▶p162

■ 材料(1人分)
ごはん	250g
豚薄切り肉	60g(2枚)
塩、こしょう	各少々
A 天ぷら粉	20g(約大さじ2)
水	大さじ2
揚げ油	適量
焼きのり	適量

● 1人分718kcal

■ 作り方
1. 豚肉はそれぞれ広げて塩、こしょうをふり、重ねる。
2. Aを合わせ、なめらかになるまで混ぜる。
3. 揚げ油を170〜180℃に熱し、1に2の衣をつけて中火でカラリと揚げる。油をきり、3等分に切る。
4. ごはんを3等分にし、手にとって軽くまとめて豚天をのせ(a)、包み込むようににぎる。
5. のりを巻く。

a 具が中央にくるように、ごはんを少しくぼませてから、豚天をのせる。

具がごろごろで栄養満点
野菜たっぷりみそ汁

■ 材料
(1人分／容量420mlのスープジャー1個分)
油揚げ	1/2枚
大根	30g
にんじん	20g(2cm分)
長ねぎ	20g(1/4本)
ブロッコリー	30g(2房)
だし汁	150ml
みそ	小さじ2

● 1人分97kcal

■ 作り方
1. 油揚げはひと口大に切り、熱湯でさっとゆでて油抜きをする。大根、にんじんは5mm幅のいちょう切りにする。長ねぎは1cm幅の斜め切りにする。ブロッコリーは小さく分ける。
2. 鍋にだし汁を入れて中火にかけ、油揚げ、大根、にんじんを加え、ふたをして7〜8分煮る。
3. 野菜がやわらかくなったら長ねぎ、ブロッコリーを加えて1〜2分煮る。みそを溶き入れ、ひと煮立ちさせる。

詰め方手順
● 豚天むす
● スープジャーに野菜たっぷりみそ汁
finish!

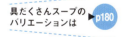
具だくさんスープのバリエーションは ▶p180

＼トマト味／

＼コンソメ味／

＼カレー味／

＼みそ味／

＼中華味／

＼中華味／

主食が主役のお弁当

> おかずも兼ねる

ボリュームおにぎり

ボリュームおにぎりは、おにぎりにおかずを詰めてしまったようなもの。
だから、おかずは、もう1品つければ十分です。
忙しいときや、たくさん食べてほしいときにも向くおにぎりです。

塩さばおにぎり

ごはんとおかずをひと口で味わえる！

1 ほぐす
塩さば20gはグリルにのせ、中火で焼いて火を通す。骨、皮を取り除き、大きめにほぐす。

2 にぎる
ごはん80gを手に取り、中央を少しくぼませて①をのせ、包み込むようににぎる。

3 まぶす
青のりをまぶす。

● 1個分194kcal

おすすめの **サブおかず**
野菜たっぷりみそ汁 (→ p161)

肉巻きおにぎり

1 にぎる
ごはん80gに白いりごま少々を混ぜて俵形ににぎる。

2 巻く
牛もも薄切り肉30g(1枚)にしょうゆ小さじ½をからめ、ごはんに巻く。

3 焼く
フライパンにサラダ油小さじ1を入れて中火で熱し、肉の巻き終わりを下にして入れ、ふたをする。焼き色がついたら、転がしながら全体をこんがりと焼く。

● 1個分272kcal

俵形にすると牛肉が巻きやすい

おすすめの **サブおかず**
トマトといんげんのマヨサラダ (→ p25)

わかめおにぎりのピカタ

簡単にできる手作りわかめふりかけ入り

1 ふりかけを作る
カットわかめ（乾燥）少々は耐熱容器に入れ、ラップをかぶせずに200Wの電子レンジで1〜2分加熱してパリパリに乾燥させ、手で細かくくだく。

2 にぎる
ごはん80gに①を混ぜ、おにぎりをにぎる。

3 焼く
卵½個を溶いて塩少々を混ぜる。フライパンにサラダ油小さじ1を入れて中火で熱し、おにぎりに卵をからめ、両面を焼く。

● 1個分213kcal

＼おすすめの／ **サブおかず**
小松菜とソーセージの炒めもの（→ p165）

ねぎチャーシューおにぎり

ラーメンだけでなくごはんにも合う！

1 切る
長ねぎ5cmは小口切りにし、焼き豚20gは5mm角に切り、混ぜ合わせる。

2 にぎる
ごはん80gを手に取り、中央を少しくぼませて①をのせ、包み込むようににぎる。

3 巻く
焼きのりを巻く。

● 1個分172kcal

＼おすすめの／ **サブおかず**
豆腐とレタスのかき卵スープ（→ p182）

赤、緑、黄の具がきれい！身近な食材だから作りやすい！

ごはん+ **メインおかず**
巻きずし

サブおかず
小松菜とソーセージの炒めもの

のり巻きが肉なしだから、ソーセージを入れてボリュームを

ラップを使って巻くから巻きすがなくても作れる！

• total 795kcal •

巻きずし弁当

太巻きよりも手軽な具で、細巻きよりもボリュームのある、中巻きの巻きずしです。
これなら普段から手軽に作れます。のり巻きに手をかけた分、もう1品は炒めるだけの簡単なものに。

カラフルな具で見た目に華やか

巻きずし

■ 材料(1人分)

ごはん		250g
A	酢	大さじ2
	塩	少々
卵		2個
B	塩	少々
	砂糖	小さじ1
にんじん		50g(1/3本)
きゅうり		80g(1本)
焼きのり(全形)		1枚

● 1人分641kcal

■ 作り方

1 Aを混ぜ合わせ、ごはんに加えて混ぜる。

2 卵を溶きほぐし、Bを加えて混ぜる。フライパンに卵液を流し入れて中火にかけ、大きくかき混ぜ、大きめのいり卵を作る。

3 にんじんはせん切りにし、熱湯でさっとゆで、ざるに上げて湯をきる。

4 きゅうりはせん切りにする。

5 ラップの上にのりをおき、ごはんを広げる。このとき、手前1cm、向こう3cmほど残し、左右は端まで広げる。

6 中央に、いり卵、にんじん、きゅうりをのせ(**a**)、手前からラップごと持ち上げて巻く(**b**)。食べやすい大きさに切り分ける。

a 具は、のりではなくごはんの中央にのせる。そうすると、具が真ん中になる。

b 手前と向こう側のごはんをくっつけるようにして、怖がらずに一気に巻くのがコツ。

下ごしらえの手間が少ないからラクちん

小松菜とソーセージの炒めもの

■ 材料(1人分)

小松菜	50g(2株)
ウインナソーセージ	2本
サラダ油	小さじ1/2
塩	少々

● 1人分154kcal

■ 作り方

1 小松菜は3〜4cm長さに切る。ソーセージは斜めに切り込みを入れる。

2 フライパンにサラダ油を中火で熱し、小松菜とソーセージをさっと炒め、塩をふる。

詰め方手順

● オーブンシートを敷いて巻きずし

● 別容器に小松菜とソーセージの炒めもの

▽ finish!

いなりずし弁当

甘辛く煮た油揚げのおいしさが味わえるように、ごはんには具をたくさん入れず、シンプルに仕上げました。これだけではたんぱく質が足りないので、もう1品には豚肉を入れて補いましょう。

いなりずしが甘いから、味のバランスを考えて砂糖はなし

サブおかず
ほうれん草とゆで豚のごまあえ

甘酢しょうがを混ぜるだけのすしめし風ごはんだから手軽

ごはん＋ メインおかず
いなりずし

・total 852kcal・

主食が主役のお弁当

油揚げは市販品を使えば簡単
いなりずし

■ 材料(1人分)
- ごはん……………………200g
- 甘酢しょうが………………20g
- ちりめん山椒………………15g
- 油揚げ(いなりずし用・味つき)……4枚
- ●1人分691kcal

■ 作り方
1. 甘酢しょうがはみじん切りにし、汁気を絞る。
2. ごはんに甘酢しょうが、ちりめん山椒を混ぜる。4等分にし、軽くにぎる。
3. 油揚げの汁気を絞り、開いて2を詰め、形をととのえる。

油揚げを煮たい人は…

■ 材料(8個分)
- 油揚げ………………………4枚
- A
  - だし汁……………150ml
  - しょうゆ…………小さじ1
  - 塩…………………小さじ1/4
  - みりん……………大さじ1

■ 作り方
1. 油揚げは長さを半分に切り、切り口からやぶらないように開いて袋状にする。
2. 熱湯で4〜5分ゆで、ざるに上げて湯をきる。ぬるま湯で洗ってしっかりと油抜きをし、水気を絞る。
3. 鍋にAを入れて中火で煮立て、2を加える。落としぶたをし、煮立ったら弱火にして15〜20分、ほとんど汁気がなくなるまで煮る。

肉はゆでて仕上がりをすっきりさせて
ほうれん草とゆで豚のごまあえ

■ 材料(1人分)
- 豚薄切り肉…………………50g
- ほうれん草…………50g(1/4束)
- A
  - しょうゆ…………大さじ1/2
  - だし汁……………大さじ1
- 白いりごま…………………小さじ1
- ●1人分161kcal

■ 作り方
1. 豚肉は熱湯でゆで、ざるに上げて湯をきる。
2. ほうれん草は熱湯で色よくゆでる。冷水にとり、水気を絞って3cm長さに切る。
3. Aを合わせ、豚肉、ほうれん草をあえ、ごまを混ぜる。

詰め方手順
- いなりずし
- 別容器にほうれん草とゆで豚のごまあえ

↓
finish!

具が見えて華やか!
いなりずしの詰め方アレンジ

こんなトッピングもおすすめ!
- ゆでえび
- 甘酢れんこん
- 鮭フレーク
- 鶏そぼろ
- 鶏のから揚げ
- チンジャオロースー

油揚げにごはんを詰め、袋の口を少し折り返す。

型抜きにんじん、アスパラ、いり卵など、好みの具をのせる。

\寝坊した！/ \手抜きしたい……/

困ったときの卵&ツナだけ弁当

時間がない！　食材を買っていない！　やる気がない……といった、ないないづくしでも大丈夫！
困ったときはツナと卵に頼りましょう。超特急で作れるリアルなお弁当の紹介です。

\材料はこれだけ！/

- ツナ オイル漬け缶詰 小1缶(70g)
- 卵 1個
- ごはん 200g

＋
- 塩……………少々
- サラダ油……大さじ1

のっけるだけ！
味もインパクトもNO.1！

1 ごはんを詰めて

2 いり卵をのせて
卵は溶いて塩を加え、フライパンにサラダ油を入れて中火で熱し、炒める。

3 ツナをカパッ！
缶汁をきってそのままのせる。

4 昆布のつくだ煮を添えて
冷蔵庫にあるしょっぱいものならば何でもOK。これでごはんがすすむ。

完成！

卵でとじるだけ！

丼仕立てだから即完成、味まで満点！

\材料はこれだけ！/
- ツナ オイル漬け缶詰 小1缶(70g)
- 卵 1個
- ごはん 200g

+ 湯 …………… 50ml
しょうゆ、みりん ……… 各小さじ1

1 ごはんを詰めて

2 ツナを卵でとじて
鍋にツナ(缶汁ごと)、湯、しょうゆ、みりんを入れて中火にかけ、煮立ったら溶き卵を流し入れて火を通す。

3 ごはんにのせて → 完成！

\材料はこれだけ！/
- ツナ オイル漬け缶詰 小1缶(70g)
- 卵 1個
- ごはん 200g

+ 塩 …………… 少々
砂糖 ……… 小さじ1/2
サラダ油 …… 大さじ1

混ぜるだけ！

黄とピンクで彩りもバッチリ！

1 ごはんに混ぜて
- いり卵……卵は溶いて塩、砂糖を混ぜ、フライパンにサラダ油を入れて中火で熱して炒め、半量のごはんに混ぜる。
- ツナ……ツナは缶汁をきって半量のごはんに混ぜる。

2 ごはんを詰めて

3 梅干しをのせて ……▶ 完成！

パン+ **メインおかず**
サンドイッチ

サブおかず
グリーンサラダ

持ち運ぶときにつぶれないよう、箱に入れるとよい

ドレッシングは別にして食べるときにかけて

・total **987**kcal・

サンドイッチ弁当

定番人気の3種の具をはさんだサンドイッチ。具がいろいろ入っているので、合わせるおかずに迷いますが、ここではグリーンサラダに。クイックフライドポテト（→p133）やピクルス（→p140）、果物もおすすめです。

おなじみの3つの味が楽しめる
サンドイッチ

■材料(1人分)
食パン(12枚切り) ……… 6枚
バター …………………… 大さじ1

卵マヨ
　ゆで卵 ………………… 2個
　玉ねぎ ………………… 25g(1/8個)
　マヨネーズ …………… 大さじ2

ツナフィリング
　ツナ(オイル漬け缶詰)
　　………………………… 70g(小1缶)
　玉ねぎ ………………… 25g(1/8個)
　A [塩、こしょう ……… 各少々
　　　酢 ………………… 小さじ1

ハムきゅうり
　ハム …………………… 2枚
　きゅうり ……………… 80g(1本)

●1人分919kcal

■作り方
1. 卵マヨとツナフィリングの玉ねぎはみじん切りにし、水で洗って水気を絞る。
2. 卵マヨを作る。ゆで卵はフォークでつぶし、玉ねぎとマヨネーズを混ぜる。
3. ツナフィリングを作る。ツナは、缶汁ごとフォークでつぶし、玉ねぎとAを混ぜる。
4. きゅうりはパンの大きさに合わせて長さを切り、縦に薄切りにする。
5. 食パンはバターを片面にぬる。2枚1組にし、卵マヨ、ツナフィリング、ハムときゅうりをそれぞれ間にはさむ。
6. みみを切り落とし、食べやすい大きさに切る。

生野菜でビタミン補給
グリーンサラダ

■材料(1人分)
ベビーリーフ …………… 20g
きゅうり ………………… 20g(1/4本)
フレンチドレッシング
　(市販。またはp54) …… 大さじ1

●1人分68kcal

■作り方
きゅうりは斜め薄切りにし、ベビーリーフと合わせる。ドレッシングを別に添える。

詰め方手順

● オーブンシートを敷いてサンドイッチ
● 別容器にグリーンサラダ
▽
finish!

ホットドッグ弁当

どこかなつかしい味わいのホットドッグ。パンは手に入りやすいロールパンを使ったので、手軽に作れます。トマトのマリネで野菜を補いましょう。もの足りなければ果物を添えても。

パン＋ メインおかず
ホットドッグ

ケチャップは下のほうに絞ると、お弁当箱のふたにつきにくい

密閉容器に入れて汁もれ防止。汁がパンにしみる心配もなし！

・total 461kcal・

サブおかず
トマトのマリネ

主食が主役のお弁当

シンプルなおいしさが味わえる
ホットドッグ

ロールパンサンドの
バリエーションは ▶p174

■ 材料(1人分)
ロールパン	2個
バター	小さじ1
ウインナソーセージ	2本
キャベツ	50g(1枚)
サラダ油	小さじ1
塩、こしょう	各少々
トマトケチャップ	適量

● 1人分396kcal

■ 作り方
1. パンは切り込みを入れ、オーブントースターで軽く焼き、切り込みにバターをぬる。
2. ソーセージは熱湯でゆでる。キャベツはせん切りにする。
3. フライパンにサラダ油を入れて中火で熱し、キャベツをさっと炒め、塩、こしょうをふる。
4. パンにキャベツ、ソーセージの順にはさみ、パンとソーセージの間にケチャップを絞る。

玉ねぎのシャキシャキ感がポイント
トマトのマリネ

■ 材料(1人分)
トマト	100g(小1個)
玉ねぎ	25g(1/8個)
オリーブ油	小さじ1
塩、こしょう	各少々

● 1人分65kcal

■ 作り方
1. トマトはひと口大に切る。玉ねぎはみじん切りにし、水で洗って水気を絞る。
2. トマトと玉ねぎを合わせ、オリーブ油をからめ、塩、こしょうをふる。

詰め方手順
- ワックスペーパーを敷いてホットドッグ
- 別容器にトマトのマリネ

↓
finish!

持って行きやすくて食べやすい！
ホットドッグの包み方アイデア

アイデア 1
ワックスペーパーでキャンディ包みにする。
ケチャップは別容器に入れて持って行くと、紙にくっつかなくて安心。

アイデア 2
2辺があいている耐油性の紙に入れる。耐油性の紙袋の1辺を切って作ってもよい。
ケチャップは別添えにし、食べるときにかける。

ロールパンの ボリュームサンド

おかずも いっしょに とれる

メインおかずをはさめば、主食と主菜を兼ねたパンのできあがり。はさむだけでできる気軽さも魅力です。ボリューム面も栄養面も十分だから、おかずはあと1品でOKです。

ささみのハーブソテーサンド

ハーブの香りで味わい豊か

1 ハーブソテーを作る
①鶏ささみ½本は半分のそぎ切りにし、塩、オレガノ(ドライ)各少々をふる。
②フライパンにオリーブ油小さじ¼を入れて中火で熱し、両面を焼く。

2 はさむ
ロールパン1個に切り込みを入れ、オーブントースターで軽く焼き、切り込みにバター小さじ½をぬる。①とトマト(1cm幅のくし形切り)1切れをはさむ。
● 1個分170kcal

おすすめの サブおかず
にんじんサラダ
(→ p99)

牛しぐれ煮サンド

1 牛しぐれ煮を作る
①鍋にしょうゆ小さじ½、砂糖小さじ¼、湯大さじ1を入れて中火で煮立てる。
②牛こま切れ肉25g、しょうが(みじん切り)小さじ¼を加え、混ぜながら汁気がなくなるまで煮る。

2 はさむ
ロールパン1個に切り込みを入れ、オーブントースターで軽く焼き、切り込みにバター小さじ½をぬる。①ときゅうり(斜め薄切り)2枚をはさむ。
● 1個分268kcal

和風のおかずもパンに合う!

おすすめの サブおかず
にんじんのレモン煮
(→ p129)

174

鮭フライサンド

タルタルソースで
おいしさアップ！

1 鮭フライを作る
①生鮭½切れ（40g）に塩、こしょう各少々をふる。
②薄力粉、溶き卵、パン粉（霧を吹いて生パン粉状に戻す）の順に衣をつける。
③揚げ油を170〜180℃に熱し、中火でカラリと揚げる。

2 タルタルソースを作る
ゆで卵½個をフォークでつぶし、マヨネーズ大さじ½であえる。

3 はさむ
ロールパン1個に切り込みを入れ、オーブントースターで軽く焼き、切り込みにバター小さじ½をぬる。カールレタスと①をはさみ、②をのせる。
●1個分477kcal

＼おすすめの／
サブおかず
アスパラとエリンギのソテー（→p71）

かにかまオムレツサンド

オムレツは切って
断面を見せると
おいしそう

1 オムレツを作る
①かに風味かまぼこ2本は8mm幅に切る。
②卵1個は溶きほぐして塩、こしょう各少々をふり、かに風味かまぼこを加えて混ぜる。
③フライパンにサラダ油小さじ1を入れて中火で熱し、卵液を流し入れ、オムレツ形に焼く。
④半分に切る。

2 はさむ
ロールパン2個に切り込みを入れ、オーブントースターで軽く焼き、切り込みにバターを小さじ½ずつぬる。①とサニーレタスをそれぞれにはさむ。
●1個分234kcal

＼おすすめの／
サブおかず
コールスロー
（→p41）

175

焼きそば弁当

中華麺に肉野菜炒めを合わせたような、具だくさんの焼きそばです。これだけで栄養は十分ですが、食べ飽きないように、簡単あえものをプラスして、味に変化をつけました。

麺＋ **メインおかず**
ソース焼きそば

サブおかず
ピーマンのザーサイあえ

簡単に味が決まる味つきザーサイが便利

具だくさんだから、冷めても麺がくっつきにくい

・total **696**kcal・

主食が主役のお弁当

ウスターソースでスパイシーな味つけに
ソース焼きそば

■ 材料(1人分)

中華蒸し麺 …………… 1袋(170g)
豚こま切れ肉 ………………… 80g
玉ねぎ ………………… 50g(¼個)
にんじん ……………… 20g(2cm分)
キャベツ ……………… 80g(1½枚)
サラダ油 …………………… 大さじ1
ウスターソース …………… 大さじ2
こしょう ……………………… 少々
● 1人分680kcal

■ 作り方

1 玉ねぎは5mm幅の薄切りにする。にんじんは細切りにする。キャベツは小さめのひと口大に切る。

2 フライパンにサラダ油を入れて中火で熱し、豚肉を炒める。肉の色が変わったら玉ねぎ、にんじん、キャベツを加えて炒め、しんなりしたら麺を加えて炒める。

3 麺と具がほぼ混ざったらウスターソース、こしょうを加え、炒め合わせる。

口直しにも漬けもの代わりにもなる
ピーマンのザーサイあえ

■ 材料(1人分)

ピーマン ……………… 40g(2個)
ザーサイ(味つき) …………… 20g
しょうゆ …………………… 小さじ½
こしょう ……………………… 少々
● 1人分16kcal

■ 作り方

1 ピーマンはひと口大の乱切りにし、熱湯でさっとゆで、ざるに上げて湯をきる。

2 ピーマン、ザーサイを合わせ、しょうゆとこしょうであえる。

詰め方手順

● ソース焼きそば
● カップを入れてピーマンのザーサイあえ

finish!

具の材料も作り方も同じまま！
麺と味つけを替えてアレンジ

そうめんチャンプルー   焼きうどん

カレー味   **しょうゆ味**

\麺はこれ！/

そうめん…50g(1束)   ゆでうどん…1袋(200g)
たっぷりの湯でゆで、
冷水で洗って水気をよ
くきる。

\味つけはこれ！/

塩 … 少々   しょうゆ … 大さじ1
カレー粉 … 小さじ½   こしょう … 少々
しょうゆ … 小さじ1   ● 1人分529kcal
● 1人分488kcal

ナポリタン弁当

パスタをお弁当に持って行くときは、時間がたっても状態が変わりにくいショートパスタがおすすめです。酸味のあるおかずを組み合わせて、味に変化をつけましょう。

生のトマトがとろっと煮くずれてパスタにからむ

麺＋ **メインおかず**
ショートパスタナポリタン

カールレタスで緑色を足すと、彩りがよくなる

カールレタス

サブおかず
ミニトマトとエリンギのマリネ

• total **838**kcal •

フォークで刺して食べやすい
ショートパスタナポリタン

■ **材料(1人分)**

ショートパスタ ･･････････ 80g
ウインナソーセージ ･･････ 3本
玉ねぎ ･･････････ 50g(¼個)
グリーンアスパラガス
　････････････ 30g(小2本)
トマト ･･････････ 100g(小1個)
サラダ油 ･････････････ 大さじ½
トマトケチャップ ･･････ 大さじ2
塩、こしょう ･･･････････ 各少々
● 1人分797kcal

■ **作り方**

1. パスタは袋の表示通りにゆで、ざるに上げて湯をきる。ソーセージは1cm幅の斜め切りにする。玉ねぎは7～8mm幅のくし形切りにする。アスパラは根元のかたい部分を折り、根元のほうの皮を薄くむき、長さを半分に切る。トマトはひと口大に切る。
2. フライパンにサラダ油を入れて中火で熱し、ソーセージ、玉ねぎを炒める。玉ねぎがすき通ったらアスパラを加えてさっと炒める。
3. ケチャップ、トマト、パスタを加えて炒める。全体になじんだら、塩、こしょうで味をととのえる。

味がしっかりしみている
ミニトマトとエリンギのマリネ

■ **材料(1人分)**

エリンギ ･･････････ 50g(½パック)
ミニトマト ･･･････････････ 4個
オリーブ油 ･･･････････ 小さじ½
酢 ･････････････････ 小さじ1
塩、こしょう ･･･････････ 各少々
● 1人分41kcal

■ **作り方**

1. エリンギはひと口大に切る。
2. フライパンにオリーブ油を入れて中火で熱し、エリンギ、ミニトマトを炒める。エリンギに焼き色がついたら火を止め、酢、塩、こしょうであえる。

詰め方手順
● ショートパスタナポリタン
● 別容器にカールレタスを敷き、ミニトマトとエリンギのマリネ
finish!

具と味をガラッと変えて
パスタのアレンジ

しょうゆ風味の和風パスタ

■ **材料(1人分)**

ショートパスタ ･･････ 80g
長ねぎ ･･･････ 40g(½本)
しいたけ ･･･････ 40g(2枚)
ブロッコリー ･･･ 30g(2房)
ツナ(オイル漬け缶詰)
　････････ 70g(小1缶)
サラダ油 ･･･････ 大さじ½
しょうゆ ･･･････ 大さじ½
こしょう ･･････････････ 少々
● 1人分581kcal

■ **作り方**

・パスタは袋の表示通りにゆでる。
・長ねぎは1cm幅の斜め切りにする。
・しいたけは軸を切り、十字に4つに切る。
・ブロッコリーは小さく分ける。
・ツナは缶汁をきる。

1. フライパンにサラダ油を入れて中火で熱し、長ねぎ、しいたけ、ブロッコリーを炒める。
2. 長ねぎがしんなりしたらツナ、しょうゆ、こしょう、パスタを加えて炒める。

> 野菜の1日の摂取目標量の **1/3以上がとれる！**

具だくさんスープ

野菜がたっぷり食べられ、ほっとする温かさで、それだけでひとつのおかずになる、いいことずくめの具だくさんスープ。主食が主役のお弁当に合わせるのもおすすめです。

さつま揚げ入りトマトスープ

■材料(1人分／容量300〜400mlのスープジャー1個分)
- さつま揚げ …… 60g(1枚)
- キャベツ …… 50g(1枚)
- 玉ねぎ …… 50g(1/4個)
- カットトマト(缶詰) … 100g
- 湯 …… 1/2カップ
- チキンブイヨン(固形) … 1/4個
- 塩、こしょう …… 各少々

■作り方
1. さつま揚げはひと口大に切る。キャベツは2cm四方に切る。玉ねぎは5mm幅のくし形切りにする。
2. 鍋に材料の湯、チキンブイヨンを入れて中火にかけ、キャベツ、玉ねぎを加える。煮立ったらさつま揚げ、カットトマトを加え、野菜がくたっとするまで7〜8分煮る。塩、こしょうで味をととのえる。

●1人分136kcal

> トマトのうまみと酸味が溶け出てる！

ポトフ

■材料(1人分／容量300〜400mlのスープジャー1個分)
- ウインナソーセージ … 3本
- キャベツ …… 100g(2枚)
- にんじん …… 50g(1/3本)
- 湯 …… 1カップ
- チキンブイヨン(固形) … 1/4個
- 塩、こしょう …… 各少々

■作り方
1. ソーセージは斜めに切り込みを入れる。キャベツは大きめのざく切りにする。にんじんは縦半分に切り、大きめに切る。
2. 鍋に材料の湯、チキンブイヨンを入れて中火にかけ、1を加える。煮立ったら弱火にし、にんじんがやわらかくなるまで煮る。塩、こしょうで味をととのえる。

●1人分237kcal

> 大きめの具がごろごろで食べごたえ十分

豆のカレースープ

■材料(1人分／容量300〜400mlのスープジャー1個分)

白いんげん豆(ゆでたもの)※ ……… 50g	オリーブ油 ……… 小さじ1
玉ねぎ ……… 50g(¼個)	カレー粉 ……… 小さじ¼
にんじん ……… 50g(⅓本)	湯 ……… 1カップ
ブロッコリー ……… 50g(3房)	チキンブイヨン(固形) … ¼個
	塩、こしょう ……… 各少々

※乾燥の白いんげん豆をゆでる場合→p138

■作り方

1. 玉ねぎ、にんじんは1cm角に切る。ブロッコリーは小さく分ける。
2. 鍋にオリーブ油を入れて中火で熱し、1を炒める。玉ねぎがすき通ったら、白いんげん豆、カレー粉を加えて炒める。
3. 材料の湯、チキンブイヨンを加え、煮立ったら弱火にし、にんじんがやわらかくなるまで煮る。塩、こしょうで味をととのえる。

●1人分167kcal

> 食べるスープとはまさにこのこと！

牛肉と野菜のみそスープ

■材料(1人分／容量300〜400mlのスープジャー1個分)

牛こま切れ肉 ……… 50g	湯 ……… 1カップ
大根 ……… 150g(5cm分)	チキンブイヨン(固形) … ¼個
セロリ ……… 40g(½本)	みそ ……… 大さじ1
トマト ……… 100g(小1個)	こしょう ……… 少々

■作り方

1. 大根は1cm角×3cm長さの棒状に切る。セロリは4cm長さに切る。トマトはくし形切りにする。
2. 鍋に材料の湯、チキンブイヨンを入れて中火にかけ、大根、セロリを加える。煮立ったら牛肉を加え、再び煮立ったらアクを取り、さらに煮る。
3. 大根がやわらかくなったらトマトを加え、みそを溶き入れ、こしょうをふる。

●1人分248kcal

> みそ味で、和風のおかずにも合う

野菜の甘みを
いかした
あっさり味

豚肉と白菜の中華風スープ

■ 材料(1人分／容量300〜400mlのスープジャー 1個分)

豚こま切れ肉 …… 50g	湯 …………… 1カップ
白菜 ………… 100g(1枚)	チキンブイヨン(固形) … ¼個
にんじん ……… 50g(⅓本)	塩、こしょう ……… 各少々
ごま油 ………… 小さじ1	

■ 作り方

1 白菜はひと口大に切る。にんじんは短冊切りにする。
2 鍋にごま油を入れて中火で熱し、豚肉を炒める。色が変わったら1を加えて炒め、材料の湯とチキンブイヨンを加えて煮る。
3 野菜がやわらかくなったら、塩、こしょうで味をととのえる。

● 1人分199kcal

シャキシャキ
レタスに
ふんわり卵が
いい具合

豆腐とレタスのかき卵スープ

■ 材料(1人分／容量300〜400mlのスープジャー 1個分)

木綿豆腐 …… 100g(⅓丁)	湯 …………… 1カップ
レタス ……… 150g(5枚)	チキンブイヨン(固形) … ¼個
卵 ……………… 1個	塩、こしょう ……… 各少々

■ 作り方

1 鍋に材料の湯、チキンブイヨンを入れ、中火で煮立てる。豆腐とレタスを手でちぎって加え、煮立てる。
2 レタスがしんなりしたら卵を溶いて流し入れ、火が通ったら塩、こしょうで味をととのえる。

● 1人分175kcal

湯を注ぐだけ！
即席みそ汁の素・みそ玉のすすめ

温かいスープがほしいけれど、作る時間がないという人は、みそ玉がおすすめ。
湯を注いで混ぜればあっという間にみそ汁ができます。
うまみ出しになる食材を入れるのがポイントです。

作り方

ラップにみそと具をのせる。

ラップできゅっと包む。

食べ方

カップにみそ玉を入れ、湯150mlを注ぎ、混ぜてみそを溶かす。

削り節はたっぷりと
わかめ&削り節

- みそ…小さじ2
- 削り節…3g
- カットわかめ（乾燥）…1g

ベーコンでうまみとコクをプラス
ベーコン&かいわれ菜

- みそ…小さじ2
- ベーコン…½枚 ➡ 細切りにする
- かいわれ菜…¼パック ➡ 1.5cm長さに切る

香り豊かな組み合わせ
桜えび&のり

- みそ…小さじ2
- 焼きのり（全形）…¼枚 ➡ ちぎる
- 桜えび…3g

183

> こんなときはこんなお弁当を！

シチュエーション別おすすめ弁当

作る人も食べる人も、お弁当への悩みや要望はあるものです。
そこで、さまざまな場面を想定し、そのときにぴったりのお弁当をご提案。
そのときの状況と気持ちに合わせて、選んでください。

焼きそば弁当 ▶p176

空き箱にオーブンペーパーを敷いて詰める。サブおかずは水気がないから、いっしょでも大丈夫！

サンドイッチ弁当 ▶p170

サンドイッチもサラダも捨てて帰れる容器に入れる。フォークも捨ててもいいものに。

手ぶらで帰りたい

チキンロール弁当 ▶p66

鶏むね肉はたんぱく質が多めで脂質が少なめ。のりとひじきで海藻も食べられる。

たらの高菜煮弁当 ▶p100

たんぱく質が豊富で脂質が少なめの魚であるたらをメインに、緑黄色野菜も豊富！

ヘルシーにしたい

がっつり食べたい

コロッケ弁当 ▶p30
ごはんとコロッケで糖質多めだからおなかにたまる！ 揚げものだからボリュームも満点。

豚のしょうが焼き弁当 ▶p38
豚のしょうが焼きがしっかり味のついたおかずだから、ごはんがもりもり食べられる！

野菜不足を補いたい

揚げない酢豚弁当 ▶p56
このお弁当の野菜の総量は145g。これだけで、1日にとりたい野菜量の1/3以上をクリア！

ぶりの照り焼き弁当 ▶p42
青背の魚のぶりに含まれるDHAとIPAで脳を活性化！ 野菜のビタミンCで疲労も回復。

さばの竜田揚げ弁当 ▶p46
さばはDHAとIPAが豊富な青背の魚。これで脳を元気にしつつ、かぼちゃのβ-カロテンで健康キープ！

チンジャオロースー弁当 ▶p58
メインおかずに野菜がたっぷり！ さらに、ピーマンもパプリカも緑黄色野菜だから栄養も豊富。

頭の回転をよくしたい

185

作業しながら食べたい

ボリュームおにぎり ▶p162〜163
ひとつずつ包めば、片手で食べられる。主食と主菜を兼ねるから、忙しいときはありがたい。

ホットドッグ弁当 ▶p172
ワックスペーパーで包んで、紙ごと持って食べれば手も汚れない。サラダもフォークなら片手でOK！

オムライス弁当 ▶p152
薄焼き卵を好きな抜き型で抜いてケチャップライスをチラ見せ。赤、黄、緑がそろってカラフル。

体調がよくない……

鮭の照り焼き弁当 ▶p44
おかずの油脂が少なめなので、胃腸に負担をかけない。なじみのある味のおかずなのもポイント。

シュウマイ弁当 ▶p32
ひき肉は消化がいいたんぱく質。食感がやわらかいから食べやすく、形も小さいから口に入れやすい。

見た目をかわいくしたい

ぶりのカレームニエル弁当 ▶p94
ころころと形のかわいいおかずと、うぐいす豆で、地味になりがちな魚弁当もこんなにかわいくなる！

かわいくするアイデアは p108〜109にも掲載

186

買いものに行けなかった

卵でとじるだけ弁当
▶p169

常備食材の定番のツナと、冷蔵庫にいつもある卵で作れる！ あとは基本の調味料でOK。

混ぜるだけ弁当
▶p169

何にもなくても、ツナと卵は欠かさない家庭が多いもの。冷蔵庫にある漬けものをのせれば完成！

のり弁と天ぷらの重ね弁当 ▶p158

ごはんを食べすすめると、おかかとのりが登場するしかけ。意外性があって食べていて楽しい。

ナポリタン弁当 ▶p178

ごはんをパスタに替えてマンネリを打破！ ときどきこうしたお弁当をはさむと飽き知らず。

いつものお弁当に飽きた

鶏のから揚げ弁当 ▶p22

年齢問わず人気のから揚げに、「がんばって」の思いを託して。型抜きたくあんで緊張もほぐれる！

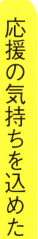

応援の気持ちを込めたい

とんかつ弁当 ▶p26

とん「勝つ」で勝負ごとも好転！ 応援弁当の定番だけれど、だからこそ思いが伝わる。

187

食材別INDEX

太字はメインおかず、または主食＋メインおかずです。

肉

●牛肉
- チンジャオロースー … 59
- **牛すき煮** … 63
- 牛肉の粒マスタード炒め … 78
- 牛肉とねぎのみそ煮 … 78
- 牛カツ … 79
- 韓国風肉炒め … 79
- **牛肉とブロッコリーのカレー炒め混ぜごはん** … 147
- **牛肉としめじのピリ辛炊き込みごはん** … 150
- **牛肉のオイスターソース炒め丼** … 157
- **肉巻きおにぎり** … 162
- **牛しぐれ煮サンド** … 174
- 牛肉と野菜のみそスープ … 181

●鶏肉
- **鶏のから揚げ** … 23
- **鶏の照り焼き** … 37
- 山椒風味塩から揚げ … 48
- から揚げの香味酢がけ … 48
- から揚げのトマト甘酢あん … 48
- チキンロール … 67
- 鶏の香味煮 … 69
- 鶏肉の山椒風味甘辛炒め … 74
- タンドリーチキン風 … 74
- 鶏肉のトマト煮 … 75
- からし酢だれチキンソテー … 75
- 鶏肉の明太巻き … 76
- 鶏の梅煮 … 76
- 鶏の紅しょうが衣天 … 77
- 鶏肉のカシューナッツ炒め … 77
- 鶏肉の塩麹漬け … 83
- 鶏肉のレモンオイル漬け … 84
- 蒸し鶏ときゅうりのあえもの … 85
- 蒸し鶏のねぎマヨ焼き … 85
- **鶏肉とれんこんの和風炊き込みごはん** … 151
- **オムライス** … 153
- **具だくさん親子丼** … 156
- **ささみのハーブソテーサンド** … 174

●豚肉
- **とんかつ** … 27
- **豚のしょうが焼き** … 39
- **ポークケチャップ** … 41
- みそとんかつ … 50
- ハーブ衣とんかつ … 50
- とんかつの洋風マリネ … 50
- 揚げない酢豚 … 57
- 豚のみそだれ焼き … 61
- **いんげんの肉巻き** … 65
- 豚肉揚げだんご … 72
- 豚肉のポン酢煮 … 72
- 豚肉のねぎ塩炒め … 73
- ホイコーロー … 73
- 豚のみそ漬け … 83
- 豚肉のバーベキューソース炒め … 84
- ゆで豚と小松菜の炒めもの … 86
- ゆで豚のカレー衣揚げ … 86
- チンゲン菜としいたけの炒めもの … 113
- 豚天むす … 161
- ほうれん草とゆで豚のごまあえ … 167
- **ソース焼きそば** … 177
- **そうめんチャンプルー** … 177
- **焼きうどん** … 177
- 豚肉と白菜の中華風スープ … 182

●ひき肉
- **ハンバーグ** … 25
- **肉だんご** … 29
- **コロッケ** … 31
- **シュウマイ** … 33
- チーズ入りハンバーグ … 49
- 和風きのこソースハンバーグ … 49
- ハンバーグのマスタードソース煮 … 49
- メンチカツ … 51
- ピーマンの肉詰め … 51
- 肉だんごの梅マヨあえ … 51
- 春巻きコロッケ … 52
- コロッケのチーズ焼き … 52
- コロッケの卵とじ … 52
- しいたけシュウマイ … 53
- 天ぷらシュウマイ … 53
- シュウマイとトマトのカレー炒め … 53
- 牛ひき肉と豆のチリトマト煮 … 71
- のし焼き … 80
- ガパオ風炒めもの … 80
- ミートローフ … 81
- わかめ入り塩つくね … 81
- **鶏そぼろの3色ごはん** … 145
- **ドライカレー** … 155

肉加工品

●ウインナソーセージ
- トマトとソーセージのマヨサラダ … 95
- いんげんのハーブドレッシングあえ … 114
- ほうれん草入りポテトサラダ … 114
- 小松菜とソーセージの炒めもの … 165
- **ホットドッグ** … 173
- **ショートパスタナポリタン** … 179
- **ポトフ** … 180

●ハム
- ブロッコリーとハムのマヨサラダ … 35
- チンゲン菜とハムのからしあえ … 101
- さやえんどうとエリンギの塩炒め … 112
- キャベツの豆板醤マヨ炒め … 112
- **サンドイッチ** … 171

●ベーコン
- 玉ねぎの煮びたし … 113
- 小松菜の炒め煮 … 113

●焼き豚
- **焼き豚と卵のチャーハン** … 149
- **ねぎチャーシューおにぎり** … 163

魚介類

●あさり
- **あさりとごぼうのみそ炊き込みごはん** … 151

●あじ
- あじの梅じそはさみ揚げ … 93

●いわし
- いわしのかば焼き … 89

●えび
- **シュウマイ** … 33
- **えびフライ** … 35
- しいたけシュウマイ … 53
- 天ぷらシュウマイ … 53
- シュウマイとトマトのカレー炒め … 53
- えびチリ … 91
- えびマヨ炒め … 107
- えびのピカタ … 107

●かじき
- かじきのパセリチーズ衣揚げ … 99
- かじきのトマト蒸し煮 … 105
- かじきのごまみそ焼き … 105

●鮭
- **鮭の照り焼き** … 45
- 鮭のマスタードマヨ焼き … 102
- 鮭のおろし煮 … 102
- 鮭のチャンチャン焼き … 103
- 鮭の香草パン粉焼き … 103
- **鮭と野菜の混ぜごはん** … 147
- **鮭フライサンド** … 175

●さば
- **さばの竜田揚げ** … 47
- さばのピーナツバターみそ煮 … 104
- さばのケチャップあんかけ … 104
- **塩さばおにぎり** … 162

●さわら
- さわらのさっぱり漬け … 97
- さわらのバーベキューソース焼き … 106
- さわらのごま衣焼き … 106

●たら
- たらの高菜煮 … 101

●ぶり
- **ぶりの照り焼き** … 43
- ぶりのカレームニエル … 95

魚介類・塩蔵品

●からし明太子・たらこ
- 鶏肉の明太巻き … 76

188

三つ葉とたらこのいり卵 … 118	厚揚げマーボー丼 … 157	●きゅうり
しらたきとたらこのいり煮 … 137	●油揚げ	きゅうりのサラダ … 23
●桜えび	大根と油揚げの酢のもの … 47	とんかつの洋風マリネ … 50
青菜と桜えびの煮びたし … 121	ピーマンの煮びたし … 115	蒸し鶏ときゅうりのあえもの … 85
キャベツと桜えびの炒めもの … 123	アスパラのしょうゆ炒め … 115	たたききゅうりのごま油あえ … 91
●ちりめんじゃこ	ひじきの煮もの … 139	きゅうりの酢のもの … 116
キャベツとじゃこの煮びたし … 99	野菜たっぷりみそ汁 … 161	きゅうりのしょうゆ漬け … 140
いんげんのじゃこ炒め … 124	いなりずし … 167	きゅうりの赤じそふりかけあえ … 145
じゃことのりの卵チャーハン … 149	●白いんげん豆	きゅうりとかぶのサラダ … 153
	牛ひき肉と豆のチリトマト煮 … 71	巻きずし … 165
練りもの	煮豆 … 138	サンドイッチ … 171
●かに風味かまぼこ	豆のカレースープ … 181	グリーンサラダ … 171
かぶのしょうが酢あえ … 117	●高野豆腐	●グリーンアスパラガス
かにかまオムレツサンド … 175	小松菜と高野豆腐の煮もの … 31	アスパラとしいたけの焼きびたし … 23
●さつま揚げ	●豆腐	アスパラの卵炒め … 69
小松菜の煮びたし … 116	ブロッコリーの塩炒め … 115	アスパラとエリンギのソテー … 71
きゅうりの酢のもの … 116	豆腐とレタスのかき卵スープ … 182	パプリカとアスパラのしょうゆ炒め … 93
さつま揚げ入りトマトスープ … 180		アスパラのしょうゆ炒め … 115
●ちくわ	**野菜**	アスパラのおかかじょうゆあえ … 122
小松菜とちくわのみそマヨあえ … 89	●青じそ	アスパラの黒こしょう炒め … 122
大根のからし酢あえ … 117	**ガパオ風炒めもの** … 80	アスパラの粒マスタードあえ … 122
にんじんのごまあえ … 117	あじの梅じそはさみ揚げ … 93	キャベツとアスパラの
切り干し大根の煮もの … 139	●かぶ	中華風あえもの … 149
のり弁 ちくわ＆まいたけ天のせ … 159	かぶのサラダ … 27	**ショートパスタナポリタン** … 179
	かぶのはちみつ酢漬け … 59	●コーン
卵	かぶのしょうが酢あえ … 117	ほうれん草とコーンのソテー … 27
万能ねぎ入り卵焼き … 45	きゅうりとかぶのサラダ … 153	●ごぼう
コロッケの卵とじ … 52	●かぼちゃ	きんぴらごぼう … 138
アスパラの卵炒め … 69	かぼちゃの塩昆布煮 … 47	あさりとごぼうの
かじきのパセリチーズ衣揚げ … 99	かぼちゃサラダ … 69	みそ炊き込みごはん … 151
えびのピカタ … 107	かぼちゃとクリームチーズのサラダ	●小松菜
いんげん入り卵焼き … 118	… 93	小松菜と高野豆腐の煮もの … 31
トマトの卵炒め … 118	かぼちゃのカレー煮 … 131	小松菜としいたけの炊き合わせ … 61
三つ葉とたらこのいり卵 … 118	かぼちゃのマーマレードあえ … 131	**ゆで豚と小松菜の炒めもの** … 86
もやしの卵とじ … 119	かぼちゃの梅じょうゆ炒め … 131	小松菜とちくわのみそマヨあえ … 89
ブロッコリーと卵のサラダ … 119	かぼちゃの煮もの … 147	小松菜の炒め煮 … 113
にんじん入りぺったんこオムレツ … 119	●キャベツ	小松菜の煮びたし … 116
鶏そぼろの3色ごはん … 145	刻みキャベツのマヨコールスロー … 31	青菜のからしあえ … 121
焼き豚と卵のチャーハン … 149	コールスロー … 41	青菜のツナマヨあえ … 121
じゃことのりの卵チャーハン … 149	キャベツときくらげの豆板醤あえ … 57	青菜と桜えびの煮びたし … 121
オムライス … 153	キャベツのレモンマリネ … 71	**具だくさん親子丼** … 156
具だくさん親子丼 … 156	**ホイコーロー** … 73	小松菜とソーセージの炒めもの … 165
わかめおにぎりのピカタ … 163	キャベツとじゃこの煮びたし … 99	●さつまいも
巻きずし … 165	**鮭のチャンチャン焼き** … 103	さつまいものオレンジ煮 … 29
のっけるだけ弁当 … 168	キャベツの豆板醤マヨ炒め … 112	さつまいものみそ煮 … 43
卵でとじるだけ弁当 … 169	キャベツの中華風あえもの … 123	さつまいものごま煮 … 67
混ぜるだけ弁当 … 169	キャベツと桜えびの炒めもの … 123	さつまいもの梅あえ … 95
サンドイッチ … 171	キャベツの酢みそあえ … 123	さつまいものしょうゆ炒め … 132
鮭フライサンド … 175	キャベツとアスパラの	さつまいものはちみつレモン煮 … 132
かにかまオムレツサンド … 175	中華風あえもの … 149	クリームチーズ入りスイートポテト
豆腐とレタスのかき卵スープ … 182	**ホットドッグ** … 173	… 132
	ソース焼きそば … 177	●さやいんげん
豆・大豆加工品	**そうめんチャンプルー** … 177	トマトといんげんのマヨサラダ … 25
●厚揚げ	**焼きうどん** … 177	いんげんとにんじんのみそ炒め … 37
チンゲン菜と厚揚げの炒めもの … 91	さつま揚げ入りトマトスープ … 180	**いんげんの肉巻き** … 65
玉ねぎのみそ炒め … 116	ポトフ … 180	いんげんとひじきのマヨあえ … 67

189

ミートローフ ……………… 81
　いんげんのハーブドレッシングあえ
　……………………………… 114
　いんげん入り卵焼き ……… 118
　いんげんのみそマヨあえ … 124
　いんげんのじゃこ炒め …… 124
　いんげんの梅おかかあえ … 124
●さやえんどう
　さやえんどうとエリンギの塩炒め … 112
●じゃがいも
　コロッケ …………………… 31
　じゃがいもとわかめの酢のもの …… 39
　春巻きコロッケ …………… 52
　コロッケのチーズ焼き …… 52
　コロッケの卵とじ ………… 52
　じゃがいものザーサイ煮 … 59
　ピーマンとじゃがいものみそ炒め … 97
　ほうれん草入りポテトサラダ …… 114
　じゃがいものおかか煮 …… 133
　クイックフライドポテト … 133
　さっぱりポテトサラダ …… 133
●セロリ
　ミニトマトとセロリの
　　中華風からしあえ ……… 33
　セロリの塩炒め …………… 57
　ピクルス …………………… 140
　牛肉と野菜のみそスープ … 181
●大根
　炒めなます ………………… 43
　大根と油揚げの酢のもの … 47
　大根のゆず香漬け ………… 63
　鮭のおろし煮 ……………… 102
　大根のからし酢あえ ……… 117
　切り干し大根の煮もの …… 139
　ピクルス …………………… 140
　野菜たっぷりみそ汁 ……… 161
　牛肉と野菜のみそスープ … 181
●玉ねぎ
　玉ねぎの梅あえ …………… 61
　玉ねぎの煮びたし ………… 113
　玉ねぎのみそ炒め ………… 116
●チンゲン菜
　チンゲン菜のしょうが炒め … 33
　チンゲン菜と厚揚げの炒めもの … 91
　チンゲン菜とハムのからしあえ … 101
　チンゲン菜としいたけの炒めもの … 113
　牛肉のオイスターソース炒め丼 … 157
●トマト・ミニトマト
　トマトといんげんのマヨサラダ … 25
　ミニトマトとセロリの
　　中華風からしあえ ……… 33
　から揚げのトマト甘酢あん … 48
　とんかつの洋風マリネ …… 50
　シュウマイとトマトのカレー炒め … 53
　トマトとソーセージのマヨサラダ … 95
　かじきのトマト蒸し煮 …… 105

　トマトの卵炒め …………… 118
　ミニトマトのハーブドレッシングあえ
　……………………………… 127
　ミニトマトの山椒炒め …… 127
　ミニトマトの砂糖じょうゆ炒め … 127
　ドライカレー ……………… 155
　牛肉のオイスターソース炒め丼 … 157
　トマトのマリネ …………… 173
　ショートパスタナポリタン … 179
　ミニトマトとエリンギのマリネ … 179
　牛肉と野菜のみそスープ … 181
●長ねぎ
　から揚げの香味酢がけ …… 48
　牛すき煮 …………………… 63
　鶏の香味煮 ………………… 69
　豚肉のポン酢煮 …………… 72
　豚肉のねぎ塩炒め ………… 73
　鶏の山椒風味甘辛炒め …… 74
　牛肉とねぎのみそ煮 ……… 78
　蒸し鶏のねぎマヨ焼き …… 85
　わかめのねぎ炒め ………… 136
　野菜たっぷりみそ汁 ……… 161
　ねぎチャーシューおにぎり … 163
　しょうゆ風味の和風パスタ … 179
●にんじん
　いんげんとにんじんのみそ炒め … 37
　にんじんとしめじの煮もの … 39
　炒めなます ………………… 43
　ブロッコリーとにんじんの煮もの … 45
　牛すき煮 …………………… 63
　にんじんとえのきの酢のもの … 65
　チキンロール ……………… 67
　ミートローフ ……………… 81
　にんじんサラダ …………… 99
　にんじんの和風サラダ …… 114
　にんじんのごまあえ ……… 117
　にんじん入りぺったんこオムレツ … 119
　にんじんのナムル ………… 128
　にんじんのソテーサラダ … 128
　にんじんの煮びたし ……… 128
　にんじんの含め煮 ………… 129
　にんじんのケチャップ炒め … 129
　にんじんのレモン煮 ……… 129
　切り昆布とにんじんのいり煮 … 136
　きんぴらごぼう …………… 138
　切り干し大根の煮もの …… 139
　ひじきの煮もの …………… 139
　ピクルス …………………… 140
　にんじんのごま酢あえ …… 159
　野菜たっぷりみそ汁 ……… 161
　巻きずし …………………… 165
　ポトフ ……………………… 180
　豆のカレースープ ………… 181
　豚肉と白菜の中華風スープ … 182
●白菜
　豚肉と白菜の中華風スープ … 182

●パプリカ
　揚げない酢豚 ……………… 57
　チンジャオロースー ……… 59
　鶏肉のカシューナッツ炒め … 77
　ガパオ風炒めもの ………… 80
　パプリカとアスパラのしょうゆ炒め … 93
　パプリカの炒め漬け ……… 101
　パプリカのオイスターソースあえ … 130
　パプリカのポン酢おかか炒め … 130
　パプリカの塩わさびあえ … 130
●万能ねぎ
　万能ねぎ入り卵焼き ……… 45
　チキンロール ……………… 67
●ピーマン
　ピーマンとしらたきのごま酢あえ … 29
　ピーマンの肉詰め ………… 51
　チンジャオロースー ……… 59
　ピーマンとじゃがいものみそ炒め … 97
　ピーマンの煮びたし ……… 115
　ピーマンの山椒塩あえ …… 125
　ピーマンの七味炒め ……… 125
　ピーマンのカレーマヨ炒め … 125
　ピーマンのザーサイあえ … 177
●ブロッコリー
　ブロッコリーとハムのマヨサラダ … 35
　ブロッコリーとにんじんの煮もの … 45
　揚げない酢豚 ……………… 57
　ブロッコリーの塩炒め …… 115
　ブロッコリーと卵のサラダ … 119
　ブロッコリーのカレー炒め … 126
　ブロッコリーの塩昆布あえ … 126
　ブロッコリーのソース炒め … 126
　牛肉とブロッコリーのカレー炒め
　　混ぜごはん ……………… 147
　ブロッコリーとパインのサラダ … 155
　野菜たっぷりみそ汁 ……… 161
　しょうゆ風味の和風パスタ … 179
　豆のカレースープ ………… 181
●ベビーリーフ
　グリーンサラダ …………… 171
●ほうれん草
　ほうれん草とコーンのソテー … 27
　ほうれん草の煮びたし …… 41
　ほうれん草としめじのおかか炒め … 63
　ほうれん草入りポテトサラダ … 114
　鶏そぼろの3色ごはん …… 145
　ほうれん草とゆで豚のごまあえ … 167
●三つ葉
　三つ葉とたらこのいり卵 … 118
●もやし
　もやしのからし酢あえ …… 37
　もやしの卵とじ …………… 119
●レタス
　豆腐とレタスのかき卵スープ … 182

●れんこん
鶏肉とれんこんの
　和風炊き込みごはん ……… 151

きのこ

●えのきたけ
えのきのおひたし ……………… 25
和風きのこソースハンバーグ … 49
にんじんとえのきの酢のもの … 65
えのきの梅煮 …………………… 135

●エリンギ
アスパラとエリンギのソテー …… 71
エリンギのマリネ ……………… 97
さやえんどうとエリンギの塩炒め … 112
エリンギの焼き漬け …………… 135
ミニトマトとエリンギのマリネ … 179

●きくらげ
キャベツときくらげの豆板醤あえ … 57

●しいたけ
アスパラとしいたけの焼きびたし … 23
しいたけシュウマイ …………… 53
小松菜としいたけの炊き合わせ … 61
チンゲン菜としいたけの炒めもの … 113
しいたけのマリネ ……………… 134
しょうゆ風味の和風パスタ …… 179

●しめじ
にんじんとしめじの煮もの …… 39
和風きのこソースハンバーグ … 49
ほうれん草としめじのおかか炒め … 63
しめじの塩炒め ………………… 89
しめじのごま炒め ……………… 134
しめじのしぐれ煮 ……………… 135
牛肉としめじの
　ピリ辛炊き込みごはん ……… 150
具だくさん親子丼 ……………… 156

●まいたけ
まいたけの煮びたし …………… 35
のり弁 ちくわ&まいたけ天のせ … 159

海藻

●青のり
こんにゃくのとくさ煮 ………… 137

●切り昆布
切り昆布とにんじんのいり煮 … 136

●ひじき
いんげんとひじきのマヨあえ … 67
ひじきの和風マリネ …………… 136
ひじきの煮もの ………………… 139

●焼きのり
チキンロール …………………… 67
じゃことのりの卵チャーハン … 149
のり弁 ちくわ&まいたけ天のせ … 159
巻きずし ………………………… 165

●わかめ
じゃがいもとわかめの酢のもの … 39
わかめ入り塩つくね …………… 81

わかめのねぎ炒め ……………… 136
わかめおにぎりのピカタ ……… 163

こんにゃく・しらたき

●こんにゃく
こんにゃくのカレーきんぴら … 65
こんにゃくのとくさ煮 ………… 137
こんにゃくのソース煮 ………… 137
切り干し大根の煮もの ………… 139
ひじきの煮もの ………………… 139

●しらたき
ピーマンとしらたきのごま酢あえ … 29
牛すき煮 ………………………… 63
しらたきとたらこのいり煮 …… 137

ごはん・米

鶏そぼろの３色ごはん ………… 145
鮭と野沢菜の混ぜごはん ……… 147
牛肉とブロッコリーのカレー炒め
　混ぜごはん …………………… 147
焼き豚と卵のチャーハン ……… 149
じゃことのりの卵チャーハン … 149
牛肉としめじの
　ピリ辛炊き込みごはん ……… 150
あさりとごぼうの
　みそ炊き込みごはん ………… 151
鶏肉とれんこんの
　和風炊き込みごはん ………… 151
オムライス ……………………… 153
ドライカレー …………………… 155
具だくさん親子丼 ……………… 156
牛肉のオイスターソース炒め丼 … 157
厚揚げマーボー丼 ……………… 157
のり弁 ちくわ&まいたけ天のせ … 159
豚天むす ………………………… 161
塩さばおにぎり ………………… 162
肉巻きおにぎり ………………… 162
わかめおにぎりのピカタ ……… 163
ねぎチャーシューおにぎり …… 163
巻きずし ………………………… 165
いなりずし ……………………… 167
のっけるだけ弁当 ……………… 168
卵でとじるだけ弁当 …………… 169
混ぜるだけ弁当 ………………… 169

パン

●食パン
サンドイッチ …………………… 171

●ロールパン
ホットドッグ …………………… 173
ささみのハーブソテーサンド … 174
牛しぐれ煮サンド ……………… 174
鮭フライサンド ………………… 175
かにかまオムレツサンド ……… 175

麺

ソース焼きそば ………………… 177
そうめんチャンプルー ………… 177
焼きうどん ……………………… 177
ショートパスタナポリタン …… 179
しょうゆ風味の和風パスタ …… 179

シュウマイ・春巻きの皮

シュウマイ ……………………… 33
春巻きコロッケ ………………… 52
天ぷらシュウマイ ……………… 53
シュウマイとトマトのカレー炒め … 53

缶詰

●カットトマト
牛ひき肉と豆のチリトマト煮 … 71
鶏肉のトマト煮 ………………… 75
さつま揚げ入りトマトスープ … 180

●ツナ
にんじんの和風サラダ ………… 114
青菜のツナマヨあえ …………… 121
のっけるだけ弁当 ……………… 168
卵でとじるだけ弁当 …………… 169
混ぜるだけ弁当 ………………… 169
サンドイッチ …………………… 171
しょうゆ風味の和風パスタ …… 179

●パイナップル
ブロッコリーとパインのサラダ … 155

チーズ

チーズ入りハンバーグ ………… 49
コロッケのチーズ焼き ………… 52
かぼちゃとクリームチーズのサラダ
　………………………………… 93
クリームチーズ入りスイートポテト
　………………………………… 132

漬けもの

●梅干し
肉だんごの梅マヨあえ ………… 51
玉ねぎの梅あえ ………………… 61
鶏の梅煮 ………………………… 76
あじの梅じそはさみ揚げ ……… 93
さつまいもの梅あえ …………… 95
いんげんの梅おかかあえ ……… 124
かぼちゃの梅じょうゆ炒め …… 131
えのきの梅煮 …………………… 135

●ザーサイ
じゃがいものザーサイ煮 ……… 59
ピーマンのザーサイあえ ……… 177

●高菜漬け・野沢菜漬け
たらの高菜煮 …………………… 101
鮭と野沢菜の混ぜごはん ……… 147

●紅しょうが
鶏の紅しょうが衣天 …………… 77

検見﨑聡美（けんみざき　さとみ）

料理研究家、管理栄養士。赤堀栄養専門学校卒業後、料理研究家のアシスタントを務め、独立。現在は、書籍や雑誌、テレビなど多岐にわたり活躍中。食材選びから手順に至るまで、作りやすさを考えたレシピに定評がある。栄養の知識をいかし、健康に配慮した料理も得意。『おいしさのコツが一目でわかる基本の料理』（成美堂出版）、『週一回の作りおき漬けおきレシピ』（青春出版社）など著書多数。

STAFF

料理アシスタント	大木詩子
撮影	原ヒデトシ
スタイリング	ダンノマリコ
デザイン	鷹觜麻衣子
イラスト	ばばめぐみ
DTP	天龍社
栄養計算	（一社）NS Labo所属 細川真幸絵
校正	くすのき舎
編集	荒巻洋子

3つのおかずの組合せで作る！

おいしいお弁当

著　者	検見﨑聡美
発行者	池田士文
印刷所	株式会社光邦
製本所	株式会社光邦
発行所	株式会社池田書店
	〒162-0851　東京都新宿区弁天町43番地
	電話03-3267-6821(代)／振替00120-9-60072

落丁・乱丁はおとりかえいたします。
©Kenmizaki Satomi 2018, Printed in Japan
ISBN978-4-262-13035-4

本書のコピー、スキャン、デジタル化等の無断複製は著作権法上での例外を除き禁じられています。本書を代行業者等の第三者に依頼してスキャンやデジタル化することは、たとえ個人や家庭内での利用でも著作権法違反です。

1800002